똑똑한 똥덩어리씨

똑똑한
똥덩어리 씨

똥 속에 숨은 놀라운 과학이야기!

홍윤희 글 | 심창국 그림

꿈틀

| 지은이의 말 |

똥을 싼다는 것은 살아 있다는 것

"누구 누구 똥 쌌대요."

내가 초등 학교 다닐 때였어요. 학교 화장실에서 똥을 싸면 그 친구는 놀림감이 되곤 했어요. 참 이상하지요? 누구나 다 똥을 싸고, 똥을 싸는 일은 부끄러운 일이 아닌데 놀리니 말이에요.

그런데 혹시 요즘도 똥 싼 친구를 놀리는 사람 있나요? 만약 있다면 이 책을 읽는 순간부터 절대 그러지 마세요! 만약 꼭 똥으로 놀리고 싶다면 "오늘 똥 안 싼 사람?" 하고 물어 보세요. 그리고 차라리 안 쌌다는 친구를 놀리세요.

똥 싸는 걸 놀리는 건 아마도 '똥은 더럽다' 고 생각하기 때문일 거예요. 그렇게 생각하는 친구들은 곰곰이 따져 보세요. 똥이 더럽다면, 똥을 싼 사람이 깨끗할까요. 그리고 똥을 뱃속에 두고 있는 사람도 깨끗할까요?

하지만 똥은 더러운 것도 아니고, 더럽지 않은 것도 아니에요. 그런 기준으로 평가해서는 안 되는 것이랍니다. 똥은 소중한 것이에요. 똥을 눈다는 것은 살아 있다는 증거입니다. 살아 있는 모든 동물은 똥을 싸지요.

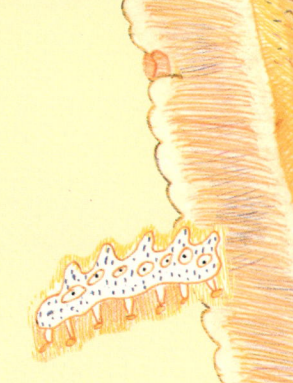

　우리는 살아갈 에너지를 얻기 위해 입으로 음식을 먹지요. 음식물은 식도를 지나 몸 속의 여러 소화 기관을 거치게 됩니다. 그 기나긴 여정을 무사히 마치고 버릴 것을 몸 밖으로 빼내는 것이 똥입니다. 그러므로 똥을 싼다는 것은 내가 먹은 음식물이 몸 안에서 소화 과정을 다 거쳤다는 뜻이에요.

　어때요? 이제 똥으로 친구를 놀리고 싶은 생각이 달아났지요? 나는 이 책을 통해 여러분이 똥이 무엇인지 잘 알게 되길 바랍니다. 똥의 정체를 알게 된다는 것은 곧 우리 몸의 소화 과정을 정확히 알게 되는 것이죠. 또한 똥이 건강과 어떤 관계가 있는지도 알게 되는 일이고요.

　그리고 무엇보다 똥 싸는 일이 아주 즐거워질 거예요. 내 몸이 할 일을 척척 해낸 걸 똥이라는 결과물을 통해 알 수 있잖아요. 그러니 여러분, 똥이 마려울 때는 절대 참지 마세요. 어디서든 당장 달려가 똥을 누세요. 그리고 친구들에게 당당하게 말하세요. "나 오늘 똥 쌌어!" 똥을 잘 싸는 건 충분히 자랑할 만한 일이랍니다. 건강하다는 뜻이니까요.

홍윤희

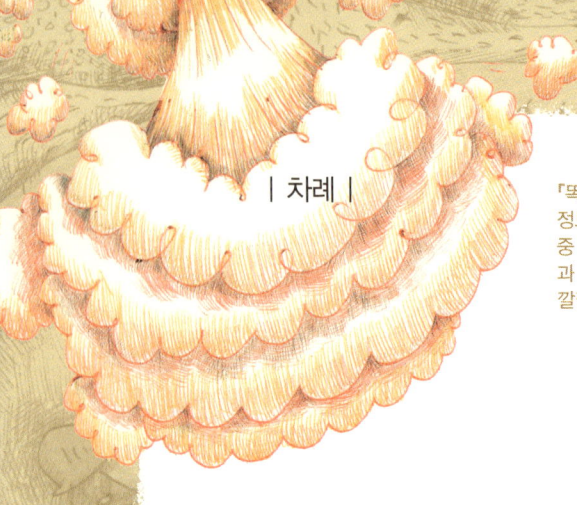

| 차례 |

『똑똑한 똥덩어리 씨』는 초등 학교 교과 과정과 연계하여 구성된 재미있는 지식 정보 동화책입니다. 1학년『슬기로운 생활』중 〈우리 몸의 생김새〉와 6학년『과학』중 〈우리 몸의 생김새〉장과 밀접한 관계가 있습니다. 저학년에서 재미있게 배운 교과 학습 내용이 고학년에 올라가서 학습의 탄탄한 기초가 되도록 엮었습니다. 깔깔깔 웃으며 재미난 동화도 읽으며 교과서 속으로 슝~ 슝~

8 너도 내가 부끄럽냐

18 방귀의 정체는?
19 방귀 냄새는 왜 지독할까?
21 방귀 소리는 왜 나는 걸까?

22 들어갈래 말래?

30 사람은 방귀를 얼마나 뀔까?
31 음식을 똥으로 만드는 관문, 소화관
33 음식을 똥으로 만드는 첫 번째 관문, 입

34 우리 헤어지자

44 음식을 똥으로 만드는 두 번째 관문, 위
45 음식을 똥으로 만드는 세 번째 관문, 작은 창자

46 참지 말고 뛰어

56 방귀는 어디서 만들어질까?
58 방귀를 꾹꾹 참으면 어떻게 될까?
59 음식을 똥으로 만드는 마지막 관문, 큰창자

60 장내 세균과 춤을

74 하루에 싸는 똥의 양은 어느 정도일까?
75 똥은 어떻게 몸 밖으로 나올까? ①큰창자에서 직장까지
77 변비란 무엇일까?
78 변비를 없애는 가장 좋은 방법은?
79 설사란 무엇일까?

80 열려라 똥꼬!

94 똥은 어떻게 몸 밖으로 나올까? ②배변반사
95 똥의 색깔은?
96 똥의 냄새는?
98 똥의 맛은?

100 그래, 네 똥 굵다

112 똥이라는 말은 어떻게 만들어졌을까?
112 똥은 얼마 만에 싸는 게 좋을까?
113 똥은 왜 끈적거릴까?
114 바나나를 많이 먹으면 정말
    바나나같이 생긴 똥을 쌀 수 있을까?
115 요구르트에 붙은 이름은?

116 은선아, 성공했니?

124 왜 우리 몸엔 규칙적인 식사가 좋을까?
125 똥은 참으면 어떻게 될까?
126 하루에 식이섬유는 얼마나 먹어야 할까?

너도 내가 부끄럽냐

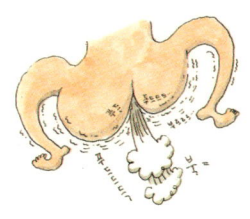

봉남이는 엉덩이에 힘을 꽉 주고 화장실로 달려갔어요. 그런데 화장실에는 오줌을 누려는 아이들로 붐볐어요.
'안 되겠다.'
잔뜩 오므린 똥구멍으로 금방이라도 뿌웅 방귀가 나올 것 같았지만 봉남이는 이를 악물고 참았어요. 아이들 앞에서 방귀를 뀌었다간 두고두고 놀림을 당할 테니까요. 아무도 없는 곳이 어디일까 복도를 달리며 교실마다 힐끔거리던 봉남이는 실험실 문을 열고 들어갔어요. 그리고 뿡 뿌웅~, 그리고 피~식, 힘차게 나오는 방귀부터 소리 없는 방귀까지 신나게 방귀를 뀌었어요.

'휴, 살 것 같다.'

시원하게 느껴지던 기분도 잠깐, 봉남이는 코를 쥐었어요.

"아이고, 구린내!"

방귀 냄새가 얼마나 지독한지 속이 울렁거릴 정도였어요.

"완전 독가스네. 이 방귀를 교실에서 뀌었다간 테러범으로 몰렸겠어."

봉남이는 실험실을 나가기 전에 방귀나 한 번 더 뀌려고 아랫배에 힘을 잔뜩 주었어요. 뿌웅 힘차게 내뿜기 시작했는데 그 방귀가 그치질 않았어요. 뿌우우우~웅, 뽕뽕뽕~. 소리도 점점 커졌어요.

'이러다간 실험실 밖에까지 들리겠어.'

봉남이는 방귀를 그만 뀌려고 엉덩이에 힘을 주고, 손으로 똥구멍을 막아 보고, 팔짝 뛰어 보는 등 별별 행동을 다했어요. 그런데도 방귀는 계속 흘러나왔어요. 실험실 가득 지독한 냄새가 퍼지고 소리는 뽕뽕 울리고, 봉남이는 마치 거대한 방귀 속에 갇힌 것 같았어요.

"나는 방귀가 멈추지 않는 불치병에 걸렸나 봐."

막 울음을 터뜨리려는 순간이었어요. 형체가 분명한 건 아니지만 구름 같은 덩어리가 봉남이 눈앞에 서 있는 거였어요. 봉남이는 너무 놀라서 몸이 굳었어요. 그러면서도 그 정체가 무엇인지 알고 싶은 호기심이 솟구쳤죠.

"너는 무엇이냐!"

잔뜩 힘을 주어 말했는데 소리는 들릴락 말락 했어요.

"뽕뽕뽕!"

그런데 그 정체불명의 덩어리가 방귀 소리를 내는 거였어요. 그러고 보니 멈추지 않는다고 생각했던 방귀는 봉남이에게서 나오는 것이 아니라 그것에게서 나오는 것이었어요.

"너, 넌……, 방, 방귀……, 귀, 귀신?"

봉남이는 떨면서 더듬거렸어요.

"귀신은 무슨 귀신. 난 방귀 가스다."

그 정체의 말을 완전히 믿을 수는 없었지만 그래도 귀신은 아니라니 다행이라는 생각이 들었어요.

"근데 여기서 뭐하는 거야?"

"보면 몰라? 실험실에 갇혀 있잖아."

방귀 가스가 지독한 냄새를 풍기며 소리를 버럭 질렀어요.

"나 참, 그게 내 잘못이니? 왜 화를 내니?"

몇 마디 말을 나누다 보니 봉남이는 방귀 가스가 조금도 무섭지 않았어요. 그 지독한 냄새 덩어리가 왠지 친숙하게 느껴졌죠. 그래서 봉남이의 목소리엔 어느 새 힘이 들어갔어요.

"당연히 네 잘못도 있지."

방귀 가스가 봉남이에게 달려들 듯 더 가까이 다가왔어요.

"좀 떨어져 있어."

봉남이는 코를 쥐고 고개를 설레설레 흔들었어요.

"여기 실험실에 들어와서 방귀 뀌고 도망간 놈들 때문에 내가 이러고 있는 거라고."

"설마?"

봉남이는 자기 말고도 다른 친구들이 여기 와서 몰래 방귀를 뀌고 갔다는 사실이 재미있기도 하고 믿어지지 않기도 했어요.

"설마는 뭐가 설마야? 실험실이 뭐 방귀 뀌는 장소냐? 그리고 방귀를 뀌었으면 문을 열어 놓아야지. 나를 여기에 가둬 놓고 지들만 쏙 빠져 나가는 건 무슨 심보야."

봉남이는 실험실 창문을 활짝 열어 젖혔어요. 그리고 방귀 가스에게 잘 가라고 손을 흔들려는 순간이었죠. 문득 궁금한 것이 있었어요.

"근데 넌 도대체 어떻게 만들어진 거야? 우리 뱃속에서 왜 만들어져 나오는 거지?"

창 밖으로 나가려던 방귀 가스가 돌아서며 물었어요.

"왜 너도 내가 부끄럽니?"

"뭐 자랑스러울 건 없지."

"맛있는 음식 먹는 건 좋고, 방귀는 싫다 이거지? 좋았어. 내가 방귀의 참 모습을 보여 주겠어."

그 때였어요. 실험실 안으로 허겁지겁 뛰어 들어오는 아이가 있었어요. 봉남이네 반에서 가장 예쁜 은선이었어요. 봉남이는 순간적으로 책상 밑에 들어가 숨었어요.

'은선이가 여긴 왜 왔지?'

뿡뿌웅~, 피~식, 피식, 뿡뿡뿡……. 꾹꾹 참아왔는지 은선이는 방귀를 한참 동안 뀌어댔어요. 봉남이는 웃음이 터져 나오려고 해서 재빨리 입을 막았어요.
'은선이도 방귀를 뀌네.'

은선이 방귀까지 합해져서 방귀 가스는 더욱 커졌어요. 냄새는 더욱 고약해졌고요. 킁킁 코를 씰룩대던 은선이는 손을 내저으며 실험실 밖으로 나갔어요.

"쳇, 자기 방귀 냄새가 뭐가 싫다고 손사래를 쳐? 왕방귀쟁이가."

방귀 가스가 툴툴거렸어요.

"은선이가 방귀쟁이야?"

"쟤가 여기 가장 많이 들어와서 방귀 뀌는 아이야."

봉남이는 늘 예쁜 척하는 공주 같은 은선이가 방귀쟁이라는 게 너무 웃겼어요. 한참을 낄낄댄 다음 봉남이는 방귀 가스에게 말했어요.

"창문까지 열어 줬는데 왜 안 나가니? 이제 멀리멀리 날아가라. 나도 교실로 돌아가게."

"나도 너랑 같이 교실로 가야겠다."

"아니 왜?"

봉남이는 방귀 가스가 자신을 따라오는 게 싫었어요. 그 거대한 방귀 가스를 몰고 교실로 들어갔다간 친구들한테 무슨 봉변을 당할지 모르니까요.

"방귀가 어떻게 만들어지는 알고 싶지 않아?"

"그야 궁금하지. 하지만……."

"난 은선이 몸 속에 들어갈 건데, 넌 그 안을 들여다보고 싶지 않아?"

"정말?"

은선이 뱃속에 방귀가 얼마나 많은지 봉남이는 알고 싶었어요.

"근데 나도 은선이 뱃속에 들어가 볼 수 있을까?"

"원한다면 내가 힘 좀 써 주지."

그러더니 방귀 가스는 봉남이를 공중에 띄우고 회오리바람처럼 돌기 시작했어요.

"무슨 짓이야! 날 방귀 가스로 만들려는 거야?"

봉남이는 고래고래 소리쳤어요.

"겁낼 것 없어. 아주 잠깐 방귀 마법을 쓰는 것뿐이야."

똑!똑!한 똥 속으로 슝~

방귀의 정체는?

방귀는 공기처럼 색깔이 없는 기체로 이루어져 있지. 사람의 소화 기관 내에 기체, 즉 가스가 들어차 있는 곳은 위와 큰창자야.

사람은 누구나 음식물을 먹을 때 공기를 함께 삼키게 된다고. 음식물을 한 번 삼킬 때마다 10~20cc의 공기가 위 안으로 들어가는 거지. 허겁지겁 음식을 빨리 먹으면 이보다 더 많이 들어가기도 해. 그래서 급하게 음식을 먹으면 속이 더부룩한 거야.

방귀 성분의 70% 정도가 음식물과 함께 삼킨 공기에 포함되어 있는 가스, 즉 '질소'야. 공기의 성분을 살펴보면, 보통 질소 78%, 산소 21%, 그 외의 여러 가지 가스 1%로 되어 있어.

난 거의 질소로 구성되어 있어.

아니, 함께 들이마신 공기 중 산소는 어디 가고, 질소만 방귀로 몸속을 탈출하는 거냐고?

산소는 큰창자 안의 장내 세균들이 모두 사용해 버리지. 장내 세균들이 번식하는 데 산소가 꼭 필요하거든. 그래서 방귀와 똥같이 우리 몸에 필요 없는 것만 밖으로 나오는 거야.

방귀 냄새는 왜 지독할까?

방귀 가스는 거의 대부분이 질소와 메탄가스이지만, 그 중 10%는 여러 가지의 가스야. 미국항공우주국(NASA)이 연구한 결과에 따르면 방귀에는 약 400여 종의 가스가 섞여 있다고 해.

도대체 왜 미국항공우주국이 방귀에 대해 연구했냐고? 그것은 방귀가 가스라서 그런 거지. 우주선 안에

서 뀐 비행사의 방귀가 폭발로 이어지면 큰일나기 때문이야. 또 방귀가 비행사의 건강을 해치지 않을까 하는 걱정으로, 방귀에 대한 연구를 했다고 해.

그런데 방귀 가스의 많은 양을 차지하고 있는 질소와 메탄가스는 냄새가 없대. 그럼 방귀 냄새는 뭐냐고?

방귀의 냄새는 우리가 먹은 음식물의 단백질 성분에서 생기는 거야. 단백질에는 유황 성분이 많이 들어 있는데, 이것이 메탄가스를 만나, 구린 냄새을 만드는 거지. 구린 똥냄새처럼 유황과 메탄가스는 스카톨과 인돌이라는 냄새나는 물질을 만들어.

그러므로 고기와 생선, 달걀 등을 많이 먹으면 냄새나는 방귀를 뀌게 된다고. 그러나 고약한 방귀를 만들어 내는 단백질 성분 등은 다행히 가스를 많이 발생시키지는 않는단다. 한마디로 냄새나는 방귀는 자주 나오지 않는다는 뜻이야.

냄새나지 않는 방귀를 뀌고 싶다고? 그럼 밥과 과일, 야채 등 식이섬유가 많이 들어 있는 음식물을 먹어. 이러한 음식물들은 가스를 많이 만들지만, 유황 성분이 없으므로 냄새가 없는 방귀가 된단다. 똥냄새도 이와 마찬가지고.

방귀 소리는 왜 나는 걸까?

방귀 소리는 가스가 똥구멍으로 빠져나갈 때, 피부가 떨려서 나는 소리야. 똥구멍의 근육들은 똥을 눌 때를 빼고는 꽉 조여져 있지. 그렇지 않으면 평소에 똥을 지리게 돼. 조여진 똥구멍의 괄약근 때문에 가스는 작은 구멍을 힘차게 빠져 나와야 한단다. 때문에 똥구멍 주변의 피부들이 파르르 떨며, '뽕' 소리를 내는 거야. 그러므로 방귀 소리가 크다는 것은 직장과 똥구멍이 건강하다는 뜻이야.

또 소리가 큰 방귀일수록 냄새가 적어. 방귀 소리와 냄새는 어떤 관계냐고? 방귀 소리는 방귀의 양이 많을수록 요란하지. 당연히 작은 구멍으로 많은 양이 밀고나올 때 소리가 커지지 않겠어?

그러므로 소리가 큰 방귀는 메탄가스와 이산화탄소를 많이 갖고 있는 방귀야. 가스를 많이 만드는 식품은 단연 콩과 채소 등의 식이섬유가 많이 포함된 것이지. 이러한 음식물들이 만든 방귀는 양은 많지만, 냄새가 없어.

알지? 소리없는 방귀가 냄새는 아주 고약하다는 거.

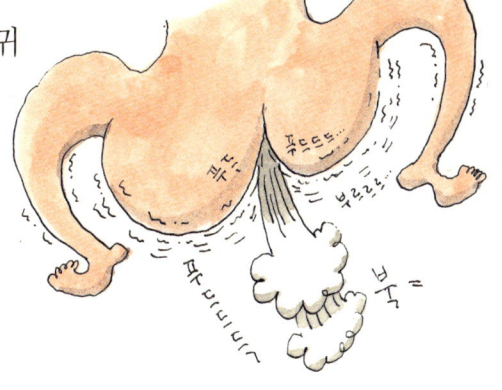

들어갈래 말래?

봉남이는 방귀 가스를 타고 붕붕 날아 교실로 갔어요. 아이들 머리 위로 날아다니는 기분이 삼삼했어요. 봉남이가 키들거리는데도 아이들과 선생님은 봉남이가 보이지 않는 모양이었어요.

"봉남이는 어디 갔니?"

선생님이 봉남이의 빈 자리를 보며 물었어요.

"모르겠어요."

"똥 싸러 갔나 봐요."

풍호 말에 반 아이들이 전부 웃어댔어요. 봉남이는 아이들이 자길 놀리는 것 같아 기분이 상했어요.

"풍호한테 방귀 맛을 보여 주겠어."

봉남이는 방귀 가스를 몰고 풍호 곁으로 갔어요. 퀴퀴한 방귀 냄새를 풍호 짝꿍 필만이가 가장 먼저 맡았어요.

"킁킁~. 풍호 너 방귀 뀌었지?"

"아냐!"

"그럼 이 수상한 냄새는 뭐야?"

풍호도 코를 킁킁댔어요.

"네가 뀐 거 아냐?"

풍호는 오히려 필만이를 의심했어요. 둘이 실랑이를 하는 사이 방귀 냄새를 맡은 아이들이 코를 막기 시작했어요.

"방귀는 밖에 나가 뀌어야지."

앞에 앉은 풍호에게 은선이가 따끔하게 말했죠. 풍호 얼굴은 새빨개졌고요.

"내가 안 뀌었다니까!"

"나도 아니야."

급기야 풍호와 필만이가 멱살을 잡았어요. 그리고 풍호의 주먹이 필만이에게 날아가려는 순간, 선생님이 풍호에게 알밤을 먹였어요.

"친구랑 왜 싸움질이냐! 둘이 복도에 나가 손들고 있어."

"급식 시간 종쳤는데요, 선생님."

필만이가 고픈 배를 감싸며 울먹였어요.

"싸움질하는 녀석들이 밥 때는 잘도 챙기네. 벌 선 뒤에 밥 먹어."

"선생님, 너무해요."

풍호와 필만이는 구시렁거리며 복도로 나갔어요.

"고것 참 쌤통이다."

봉남이는 춤이라도 추고 싶었어요. 방귀 가스를 얼싸안기까지 했어요.

"방귀 가스 너 참 쓸모 있다."

"그런 칭찬은 처음이야. 그럼 이제 슬슬 들어가 볼까?"

"어디?"

"어디긴 어디야? 은선이 몸 속이지."

봉남이는 정말 방귀 가스를 따라 사람 몸 속에 들어가도 될까 걱정이 되었어요.

"혹시 우리가 은선이 몸에 갇혀 못 나오는 건 아니지?"

"뿡~, 한 방이면 밖으로 다시 나올 테니 걱정 마."

방귀 가스와 봉남이는 은선이에게 슬그머니 다가갔어요. 은선이는 막 점심을 먹으려는 중이었어요.

"은선이 식판 좀 봐."

방귀 가스의 말에 봉남이는 은선이가 담아온 반찬을 살펴보았어요. 닭튀김, 소시지볶음, 메추리알조림이었어요. 봉남이도 무지 좋아하는 반찬들이었죠.

"맛있겠다."

봉남이는 군침을 삼켰어요. 문득 방귀 가스랑 어울리느라 닭고기도 소시지도 먹지 못한다고 생각하니 아쉬웠어요. 은선이가 닭고기를 뜯는 모습을 보니 아쉬움을 넘어 후회가 되기 시작했고요.

'은선이 몸 속 구경이고 뭐고 밥이나 먹을까.'

그런데 방귀 가스가 봉남이 팔을 꼭 잡고 말했어요.

"우물쭈물하지 말고 빨리 은선이 입 속으로 들어가."

"지금? 내가 뭐 반찬인가?"

"싫으면 관두고. 난 간다."

음식물을 씹느라 열심히 움직이고 있는 은선이 입 속으로 방귀 가스가 솔솔 들어가기 시작했어요. 호기심에 차서 방귀 가스의 마법을 빌리긴 했지만, 그래도 남의 몸 속에 들어가려니 봉남이는 자꾸 망설여졌어요. 혹시라도 나중에 은선이가 알게 되면 무슨 봉변을 당할지도 모르고요.

냠냠 꿀꺽, 봉남이가 옆에서 고민하는 것도 모르고 은선이는 어느덧 식판에 담긴 음식을 거의 다 먹어가고 있었어요. 방귀 가스도 전부 들어가 버렸고요.

'아차! 방귀 가스를 다시 못 만나면 난 어떻게 되는 거지?'

봉남이는 가슴이 쿵 내려앉았어요. 방귀 가스의 마법이 아니면 다시 사람의 모습을 하지 못할지도 모를 일이었어요.

"안 돼! 영원히 방귀 가스로 살아갈 순 없어!"

봉남이는 은선이 입 속으로 잽싸게 들어갔어요. 오물오물 씹히는 닭고기와 봉남이는 마구마구 섞였어요. 그리고 꿀꺽 목구멍을 타고 쭉 뱃속으로 내려갔죠.

"방귀 가스!"

봉남이는 크게 부르며 방귀 가스를 찾았어요. 벌써 식도를 다 내려간 방귀 가스가 위를 올려다보며 대답했어요.

"여기선 너도 방귀 가스야. 그러니까 그렇게 부르지 마."

"내가 방귀 가스라고!"

봉남이는 그 말은 거슬렸지만, 방귀 가스를 다시 만나게 돼서 안심이 되었어요.

"거기서 좀 기다려! 같이 가!"

봉남이는 부지런히 식도를 쭉 미끄럼 타고 내려갔어요. 방귀가스가 위장 앞에서 봉남이를 기다리고 있었어요.

"반갑다!"

다시 놓칠까 싶어 봉남이는 방귀 가스를 꼭 잡았어요.

"내가 그렇게 좋니? 그럼 나에게 형님이라고 불러."

방귀 가스가 웃으며 말했어요.

"네가 왜 내 형님이냐?"

봉남이는 발끈했어요.

"너보다 내가 일찍 방귀 가스가 되었으니 당연히 형님이지."

듣고 보니 전혀 틀린 말은 아니었어요. 하지만 아무래도 방귀 가스한테 형님이라고 부르는 건 자존심이 살짝 상하는 일이었죠.

"싫으면 관두고. 그럼 나 혼자 위장 속에 들어간다. 너는 어디 갈래?"

"어디 가긴 널 따라가야지."

"난 형님이라고 부르지 않는 동생은 절대 데리고 다니지 않을 테야."

방귀 가스가 봉남이의 손아귀에서 쏘옥 빠져나가며 얄밉게 말했어요.

"아, 왜 그래? 그럼 나 혼자 이 뱃속에서 어떻게 하라고?"

"그야 난 모르지."

"좋다, 형님이라고 부를게."

그러자 방귀 가스가 봉남이의 손을 꼭 잡으며 활짝 웃었어요.

"진작 그랬어야지. 그럼 위장 속으로 들어가 볼까?"

똑!똑!한 똥 속으로 슝~슝~

사람은 방귀를 얼마나 뀔까?

사람은 평균적으로 하루에 방귀를 얼마나 뀔까? 보통 작은창자와 큰창자에는 200cc 정도의 가스가 들어차 있어. 그리고 사람들은 하루에 평균 10~20번의 방귀를 뀐단다. 이 책을 읽는 어린이 중에 '난 방귀를 한 번도 뀌지 않는데?' 하며 의아해하는 친구도 있을 거야. 그러나 사람은 누구나 방귀를 뀌지. 잠 잘 때 뀌기도 하고, 소리나 냄새도 없이 나와 우리가 방귀를 뀌었는지 느끼지 못하는 경우도 많아.

방귀 뀌는 횟수와 건강은 아무런 관계가 없어. 먹는 음식물에 따

잘 때도 나온다

라 방귀 뀌는 횟수가 늘어나고 줄어들 뿐이야.

　가스를 많이 만드는 음식물을 먹으면 자연히 방귀 뀌는 횟수가 늘어나지. 우유, 밀가루, 콩, 그리고 섬유소가 많이 들어 있는 음식이 주로 가스를 많이 만들어. 그러나 방귀 뀌는 것이 두렵다고 이런 음식물을 먹지 않으면 안 돼. 우유와 콩에는 우리 몸에 좋은 영양소가 많이 들어 있거든.

음식을 똥으로 만드는 관문, 소화관

　음식물이 똥이 되기 위해 거쳐야 하는 길은, 입에서 똥구멍까지 꽤 먼 길이야.

　입-목구멍-식도-위-십이지장-작은창자(소장)-큰창자(대장)-똥구멍(항문) 순이지.

　식도부터 똥구멍까지는 하나의 관으로 이루어져 있는데, 이것을 '소화관'이라고 불러.

　입에서 식도 입구까지는 약 15센티미터이며, 식도부터 똥구멍까지의 길이는 자기 키의 5~6배 정도야. 그러므로 어른의 소화관의 길이는 약 9미터 정도이고, 초등 학교 4학년이면 약 8미터 정도가 돼.

　소화관은 소화액으로 항상 젖어 있단다. 음식물은 소화액과 소화관의 움직임으로 인해 잘게 부서지는데 이걸 '소화'라고 해. 음식물이 소화되면 우리 몸은 그 속의 영양소를 '흡수'하지.

소화된 음식물에서 영양소를 충분히 얻고 남은 찌꺼기가 바로바로 '똥'이야. 입으로 들어간 음식물은 6시간 후에야 엷은 노란색 물과 같은 액체 상태로 큰창자에 도착해. 그리고 큰창자에 도착한 이것은 이틀 정도 후에 '똥'으로 똥구멍을 나온단다.

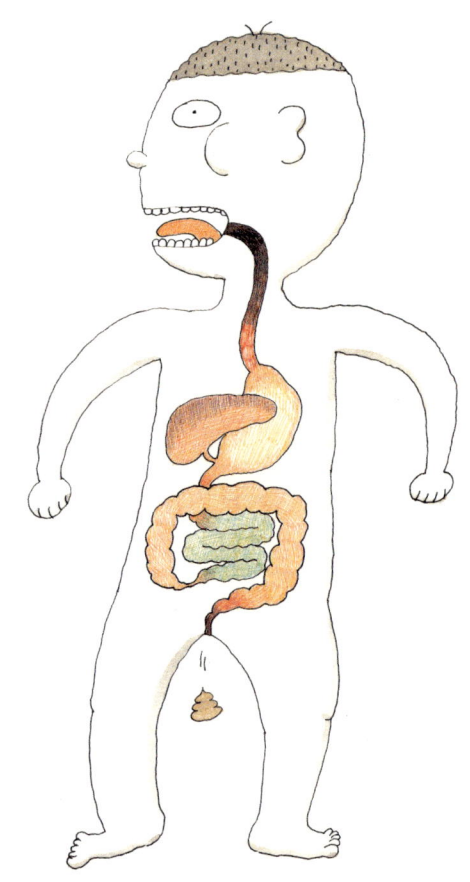

음식을 똥으로 만드는 첫 번째 관문, 입

입으로 들어온 음식물은 이 사이에 끼어져 씹히게 되지. 이 때 입 안의 침샘에서는 침이 분비되기 시작해. 침과 음식물이 입 안에서 뒤섞이지. 맛을 느끼게도 하는 침은 음식물을 삼키기 쉬운, 미끈거리는 상태로 만드는 일을 해.

음식물이 삼키기 쉬운 상태가 되면 목구멍으로 내려가는 운동을 시작한단다. 혀와 턱의 근육이 수축하며, 꿀꺽하는 거야. 목구멍으로 내려간 음식물은 식도를 타고 다음 장소인 위로 내려가는 거지.

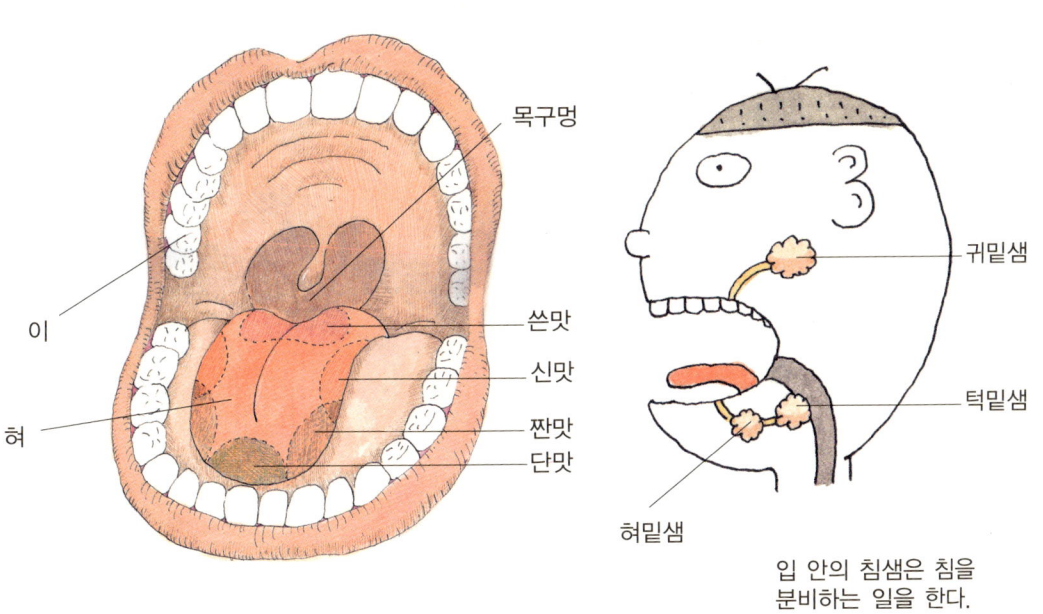

입 안의 침샘은 침을 분비하는 일을 한다.

우리 헤어지자

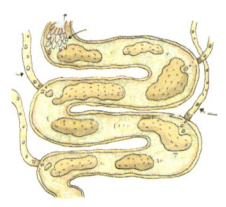

"**어?** 어? 꿈틀거리네."

은선이의 위장이 움직이기 시작했어요. 그에 따라 방귀 가스와 봉남이도 함께 꾸물꾸물 움직였어요.

"왜 움직이는 거지? 은선이가 뭘 잘못 먹은 거야?"

말하면서 봉남이는 은선이의 위장 속을 살폈어요. 위장엔 좀 전에 먹은 닭튀김, 소시지, 메추리알 등이 층층이 쌓여져 있었어요.

"위장이 음식물을 소화시키려고 지금 열심히 운동을 하고 있는 중이야."

방귀 가스가 친절하게 가르쳐 주었죠.

"그럼 우린 어떻게 되는 거지?"

"뭘 어떻게 돼? 같이 꾸물꾸물 움직이면 되지."

봉남이의 걱정에 방귀 가스는 대수롭지 않다는 듯이 대답했어요.

"겁나니?"

아니라고 하고 싶었지만 봉남이는 은근히 겁이 났어요. 더구나 은선이의 위장 벽에서는 시큼한 액체가 뿜어져 나오기 시작했어요.

"겁나면 지금이라도 몸 밖으로 나가."

"어떻게 나가?"

"트림으로 나가면 되지."

방귀 가스의 말에 봉남이는 깜짝 놀랐어요.

"트림도 방귀 가스랑 똑같아?"

"같지. 다만 똥구멍이 아니고 입으로 나간다는 게 다를 뿐이지."

간혹 트림을 하던 은선이 모습이 떠올라서 봉남이는 혼자

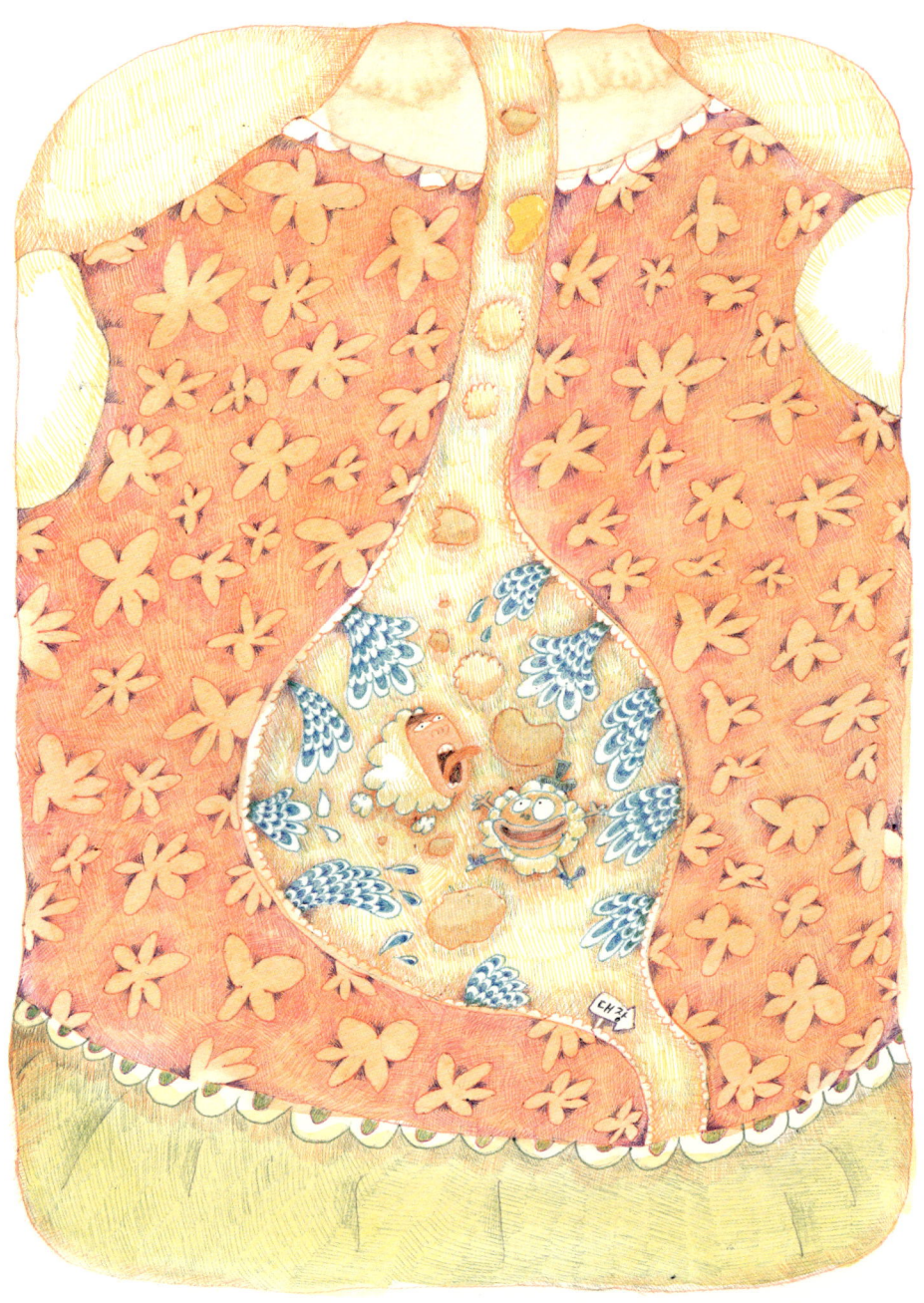

빙그레 웃었어요.

"그럼 트림은 입방귀네."

"그렇지!"

방귀 가스랑 이야기하는 사이에도 위장은 쉬지 않고 움직였어요. 계속 움직이는 위장 속에 머물다 보니 그 움직임이 자연스럽게 느껴졌어요. 흔들의자를 탄 것처럼 솔솔 잠이 올 듯했어요. 은선이 위장 속 음식물은 시큼한 액체와 뒤섞이며 흐물흐물해져 갔어요.

"저 액체는 뭐야?"

"소화액이야. 위장에 음식물이 들어오면 자동으로 위장 벽에서는 위액을 분비해. 이게 없으면 닭고기도 밥도 소화를 시킬 수가 없지."

방귀 가스가 꽤 아는 체를 하며 가르쳐 주었어요.

"소화액이 우리가 먹은 음식물을 죽처럼 걸쭉하게 만드는 거군."

"맞았어. 제법 잘 알아듣는데."

봉남이는 그동안 자신이 먹은 음식물이 몸 속에서 어떻게 되는지 무척 궁금했었어요. 그래서 자신이 누는 똥을 자세히 들여다보기도 했었죠. 먹는 대로 싼다고 생각했거든요.

그런데 언제나 먹는 음식물과 똥은 달랐어요. 밥을 먹으면 밥을 싸야 할 것 같은데 누런 똥을 쌌죠. 고기를 먹으면 고기랑 비슷한 것을 싸야 할 것 같은데 역시 누렇거나 조금 검은 똥이었죠. 그런데 여기서 음식물이 소화되는 과정을 들여다 보니 조금 이해가 갔어요. 먹은 음식물이 모두 걸쭉한 형태로 뒤섞인다는 걸 이제 알았으니까요.

"근데 말이야. 걸쭉해진 이 음식물들은 그 다음엔 어떻게 돼? 바로 똥이 되는 거야?"

"성질도 급하긴. 궁금하면 또 따라와 봐."

방귀 가스는 봉남이를 데리고 음식물들이 흘러가는 작은창자로 내려갔어요.

"어? 여기서도 소화액이 나오네!"

"몸이 영양분을 흡수하려면 좀더 소화가 되어야 하거든."

그러고 보니 작은창자는 아주 바쁘

게 움직이고 있었어요. 점막에서는 소화액이 나오고 또 한편으론 펌프질하듯 영양분을 빨아들였어요.

"빨아들인 영양분은 어디로 가?"

"혈관을 타고 가서 간에 저장되기도 하고, 영양분을 필요로 하는 몸 속 여러 조직에 배달되는 거야. 즉 에너지가 되는 거지."

"영양분으로 흡수되지 않은 찌꺼기는 어디로 가지?"

"그게 바로 큰창자로 가서 똥이 되는 거야."

봉남이는 작은창자가 아주 중요하고 똑똑한 기관이라는 생각이 들었죠. 그리고 영양분이 에너지로 바뀌는 과정을 좀더 살펴보고 싶었어요. 하지만 방귀 가스는 큰창자로 갈 것이 분명했어요. 몸 밖으로 나가는 길은 그뿐이니까요. 그래서 봉남이는 헛기침을 한 번 하고 방귀 가스에게 말했어요.

"방귀 가스, 우리 여기서 헤어지자. 난 에너지로 쓰이고 싶어. 그러니까 난 영양분과 함께 다른 기관으로 갈 거야. 넌 큰창자로 가렴. 대신 밖에 나가서 다시 만나. 네가 날 마법에서 풀어 주어야 하니까."

제법 심각하게 말했는데 방귀 가스는 봉남이 말에 웃음을 터뜨렸어요.

"어쭈구리, 에너지로 쓰이고 싶다고?"

방귀 가스의 웃음에 봉남이는 기분이 상했어요.

"그래, 한낱 방귀로 몸 속을 빠져나가기엔 허무하잖아. 나도 의미 있게 쓰이고 싶어."

"나 참. 거울이 있으면 네 모습을 보여 주고 싶군."

"내 모습이 어떤데?"

방귀 가스는 자꾸자꾸 웃었어요.

"내 모습이 어떻다고 웃은 거야?"

"날 잘 봐. 네 모습은 나랑 똑같아. 넌 지금 나처럼 방귀 가스라고."

방귀 가스의 말에 봉남이는 아차 싶었어요. 그사이에 자신이 방귀 가스라는 걸 또 깜빡한 거였어요. 하지만 그래도 우기고 싶었죠.

"상관없어. 난 꼭 에너지로 쓰여 은선이 몸 밖으로 나가고 말 거야."

"너야 상관없지만 은선이에겐 상관 있지. 그건 몸에 안 좋거든. 방귀 가스는 똥구멍으로 나가는 게 몸에 제일 좋은 거야. 넌 친구를 괴롭히고 싶은 거야?"

"그건 아니지."

봉남이는 고개를 저었어요. 맘속으로 오래 전부터 좋아해 온 은선이를 괴롭힐 마음은 조금도 없었죠.

"그럼 나랑 같이 큰창자로 가자고. 그리고 진짜 재미는 지금부터야."

방귀 가스가 봉남이를 휘어 감싸며 큰창자로 끌고 갔어요.

"진짜 재미? 그게 뭔데?"

"똥 만들어지는 걸 보고 싶지 않아?"

"보고 싶지."

"똥에 관해서 궁금한 게 없어?"

"엄청 많지."

"똥이 얼마나 똑똑한지 알고 싶지 않아?"

"알고 싶지."

봉남이는 방귀 가스랑 큰창자로 가는 게 싫지 않았어요.

"그럼 똥 보러 가세!"

"똥도 사람 몸에 의미가 있을까?"

봉남이의 물음에 방귀 가스가 힘차게 대답했어요.

"있고말고! 똥은 건강의 척도라는 말도 있는걸. 같이 똥의 의미를 찾아보자고."

똑!똑!한 똥 속으로 슝슝~

음식을 똥으로 만드는 두 번째 관문, 위

주머니 모양으로 생긴 위에서 음식물들은 본격적인 소화를 시작한단다. 위의 크기는 보통 어른이 1300~1400밀리리터야. 1000밀리리터짜리 큰 우유팩을 생각하면 대강 크기가 짐작이 가지?

위 점막에는 위액을 분비하는 위샘이 있어. 위액은 음식물이 위 속에 들어왔을 때 가장 많이 나오지만, 입 안의 침처럼 우리가 머릿속으로 음식물을 생각하기만 해도 자극을 받아 나오게 돼.

위벽 안쪽은 주름이 많은데, 음식물이 들어오지 않아, 위가 비어

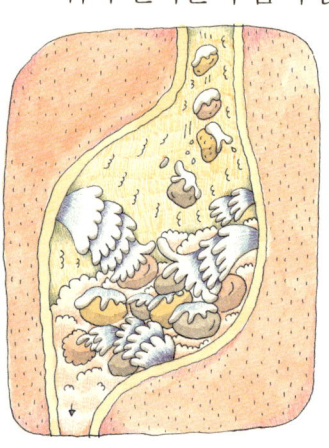

있을 때는 앞뒤의 벽이 찰싹 맞붙어 있지. 그러나 위에 음식물이 들어오면, 음식물은 들어온 순서에 따라 층층이 쌓이고, 운동을 시작해. 이 운동을 통해 음식물이 윗부분에서 아랫부분까지 옮겨가는거야. 시간은 약 10~40초 걸리고.

이 때 음식물은 위액과 뒤섞이며, 죽처럼 걸쭉해지지. 이 상태로 음식물은 조금씩 십이지장 쪽으로 옮겨간단다. 위에 머문 지 2~3시간이 지나면 음식물의 80%는 위에서 빠져나가.

음식을 똥으로 만드는 세 번째 관문, 작은창자

이제 음식물은 십이지장을 지나 작은창자로 내려와. 작은창자는 음식물에서 우리 몸에 필요한 영양분을 흡수하지. 작은창자에는 많은 융털로 덮여 있는 점막세포들이 있는데, 이것들이 펌프질을 하듯 영양분을 흡수한단다.

작은창자에서 이루어지는 영양분의 흡수는 소화가 완전히 이루어진 후에 일어나는 건 아니야. 소화와 흡수가 거의 동시에 이루어져. 흡수된 영양소는 간에 저장되고 일부는 영양분을 필요로 하는 각각의 조직에 나누어지게 되는 거야.

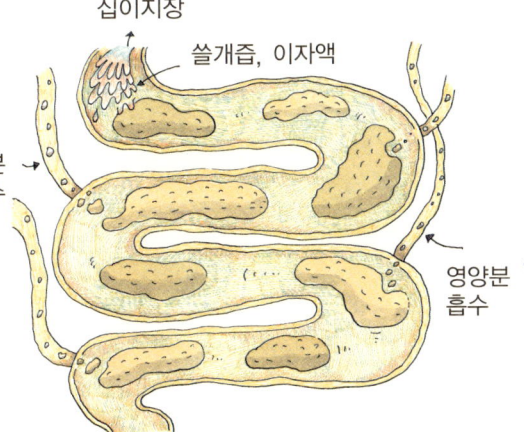

참지 말고 뛰어

"**야호**, 반갑다, 친구들."

큰창자에 도착하자마자 방귀 가스는 신이 나서 크게 소리를 질렀어요. 힘도 한껏 세졌죠. 그 곳은 바로 방귀 가스가 만들어지는 장소였거든요.

"나의 고향 같은 곳이지."

그러나 봉남이는 방귀 가스와 달랐어요. 은선이가 걱정되었죠.

'뱃속에 이렇게 방귀 가스가 많으면 참기 힘들걸.'

남몰래 방귀 뀌러 실험실로 달려가 본 봉남이는 은선이 뱃

속의 가스가 남의 일 같지 않았죠.

"너희들 다 어디서 온 거야?"

봉남이는 큰창자에 가득한 방귀 가스한테 소리쳤어요. 어느 새 큰창자 속 가스들과 한 몸이 된 어마어마한 방귀 가스가 말했어요.

"오긴 어디서 와? 여기서 만들어졌지."

"은선이 괴롭히려고 그러는 거야?"

"봉남아, 너 콩 심은 데 콩 나고 팥 심은 데 팥 난다는 말 알고 있지?"

은선이가 지금쯤 얼마나 방귀를 뀌고 싶을까 생각할수록 봉남이는 걱정이 되었어요.

공부 시간이라 실험실로 달려가지도 못 하고 은선이는 끙끙 대며 방귀를 참고 있을 게 뻔했어요. 안 그래도 은선이의 엉덩이가 실룩실룩거리며 들썩대는 게 엄청 힘을 주고 있는 듯했어요.

"그 속담이랑 방귀 가스랑 무슨 상관이니?"

그래서 봉남이는 심술 가득한 목소리로 물었어요. 그러나

방귀 가스는 봉남이가 그러거나 말거나 장난기 가득한 표정으로 말을 했죠.

"상관있고말고. 콩 먹으면 콩 방귀 뀌고 팥 먹으면 팥 방귀 뀐다고. 은선이 큰창자에 가스가 가득한 것은 은선이가 방귀가 많이 생기는 음식을 먹었기 때문이야. 은선이가 먹은 걸 한 번 생각해 보라고."

"그럼 이게 다 은선이 탓이야?"

"당연하지. 은선이가 좋아하는 고기 종류는 구린내 팍팍 나는 방귀 가스를 엄청 만들어 내지."

봉남이는 은선이 큰창자 속에서 기다렸어요. 은선이가 빨리 뛰어가서 시원하게 방귀를 뀌어대기를요. 그럼 그 기회에 밖으로 나갈 생각이었어요. 그런데 은선이는 엉덩이를 의자에서 조금 뗐다 붙였다 할뿐 움직이지 않았어요.

"은선아, 그냥 교실에서 뀌어!"

봉남이는 은선이에게 크게 외쳤어요.

사람으로 있을 때는 봉남이도 방귀는 무조건 참아야 한다고 생각했어요. 방귀를 뀌는 건 창피한 일이라고 생각했지요.

하지만 가스가 되어 몸 속에 있어 보니 그게 얼마나 속이 불편한 일인지 알게 되었어요. 이렇게 참다가 큰일이 날 것 같아 오히려 봉남이가 안절부절했어요.

"왜 그렇게 호들갑이야? 우리가 뭐 그리 나쁜 거라고."

방귀 가스가 봉남이를 흘겨보았죠.

"넌 방귀를 안 참아 봐서 모를 거야. 방귀를 참으면 배가 더 부룩하고 속이 메슥거린다고. 소화도 안 되는 것 같고. 그보다 방귀 참는 데 정신을 쏟느라 공부가 안 된다고."

"홍, 넌 참아 봐서 잘 아는구나. 하지만 별 거 아니니까 걱정 마. 방귀 안 뀐다고 뭐 어떻게 되는 줄 아냐?"

그건 봉남이가 방귀를 참을 때마다 궁금해하던 거였어요. 방귀를 너무 참다가 혹시 죽는 것은 아닐까 하는 걱정도 많이 했었죠.

"방귀를 참으면 이 방귀는 다 어떻게 되는데?"

"다 나가는 수가 있다고."

봉남이는 옳거니 했어요.

"맞아, 트림으로 나갈 수 있다고 했지? 그럼 나라도 트림으로 나가야겠어."

자신이라도 은선이 뱃속에서 나가 주어야 할 것 같아 봉남이는 거꾸로 거슬러 올라가야겠다고 생각했어요. 그러나 생각뿐이었어요. 작은창자로 올라가려던 봉남이는 밑으로 내려오는 음식물의 압력에 밀려 큰창자로 떠밀렸어요.

"에구구구……."

"괜한 힘 쓰지 말고 잠자코 형님 말을 끝까지 들어야지. 방귀는 나가는 통로가 따로 있다고. 뭔 수로 네가 거슬러 올라가겠다는 거야?"

오랫동안 방귀를 참아서인지 은선이의 장이 부풀어 오르기 시작했어요. 은선이가 배 아파하는 것이 느껴졌어요.

"은선이가 너무 아파하잖아. 빨리 방법을 써 봐."

방귀 가스는 자신의 일부를 혈액 속에 침투시켰어요.

"별로 좋은 방법은 아니지만 할 수 없다. 치, 방귀 뀌는 게 뭐가 창피하다고 참고 야단이야."

"피 속으로 보낸 가스는 어떻게 몸 밖으로 나가는데?"

"그 가스들은 혈액을 타고 폐로 가는 거야. 그리고 폐에서

숨으로 나가는 거지."

봉남이는 고개를 끄덕였어요.

"휴, 뱃속에 가스가 줄어서 그래도 다행이다."

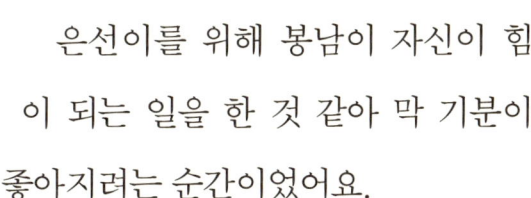

　　은선이를 위해 봉남이 자신이 힘이 되는 일을 한 것 같아 막 기분이 좋아지려는 순간이었어요.
　　"배 아픈 건 나아졌겠지만 폐로 가스가 가는 건 건강에 안 좋아. 내쉬는 숨이 깨끗해야 건강한 거거든."
　　"그럼 왜 그런 짓을 했어?"
봉남이는 방귀 가스에게 따지는 듯이 물었어요.
　　"네가 어떻게 해보랬잖아."
　　"그렇다고 건강에 좋지 않은 방법을 쓰면 되니?"
이번에는 봉남이가 방귀 가스를 막아섰어요. 혈액으로 침투하는 걸 막기 위해서였죠.
　　"우리가 또 나가는 방법은?"
　　"그야 똥을 싸는 거지. 똥을 쌀 때 우리도 엄청 많이 나가거든. 똥구멍이 열리면 이때다 하고 탈출한다고!"
　　꼼짝없이 교실에 앉아 있는 은선이를 지금 똥 싸게 할 수도 없는 일이었죠. 은선이는 또 배가 아파서 끙끙거렸어요. 하지만 방귀 가스는 여전히 남의 일 보듯 느긋했어요.

"넌 은선이가 아픈 게 좋으니?"

봉남이가 방귀 가스를 툭툭 치며 심통을 부렸어요.

"아니."

"근데 왜 그렇게 여유만만이냐?"

"그건 네가 더 잘 알걸. 참다 참다 못 참으면 뀌게 되어 있어. 은선이도 뀌면 되는 거야. 신나게 뿌웅~."

듣고 보니 방귀 가스 말이 맞는 것 같았어요. 그래서 봉남이는 은선이 큰창자에서 이리저리 날뛰며 춤을 추었어요. 그 바람에 방귀 가스는 붕붕 가득해졌죠. 큰창자는 고무풍선처럼 자꾸자꾸 부풀어 올랐고요.

"은선아, 참지 말고 뀌어!"

들썩이던 은선이의 엉덩이가 의자에서 떨어졌어요. 뿌뿌~ 뿌우웅~. 소리에 맞춰 큰창자 속의 방귀 가스가 빠져나가기 시작했어요. 봉남이는 너무 기뻤어요.

"은선아, 시원하지?"

방귀 가스는 자기 몸이 작아지는 게 썩 유쾌하지만은 않은

지 구시렁거렸어요.

"어쿠, 지독한 방귀를 교실에서 뀌었으니 은선이는 놀림 당하겠네. 얼레리꼴레리."

하지만 봉남이는 은선이에게 박수를 보내고 싶었어요. 그리고 굳게 결심했죠. 친구들이 은선이를 방귀대장이라고 놀리면 자신이 혼내 주리라고요.

방귀는 어디서 만들어질까?

음식물과 함께 위로 들어간 공기는 트림으로 일부가 나가고, 일부는 큰창자로 내려가는 거야. 그러나 큰창자에 들어차 있는 가스는 모두 위에서 내려온 것이 아니야.

큰창자 안에서는 직접 가스가 만들어진단다. 큰창자에 내려온 음식물 찌꺼기들이 장내 세균에 의해 분해되면서 가스가 생기는 거지. 장내 세균들이 산소를 이용해 음식물 찌꺼기를 태우며, 가스를 만들어내거든. 이 가스가 메탄가스인데, 이것이 방귀 성분의 20%를 차지하고 있어.

이 메탄가스가 음식물 찌꺼기 속에 들어 있는 '유황' 성분과 찰싹 붙으면 지독한 냄새의 방귀를 만들어. '유황'이 구린 냄새의 주인공이거든.

다시 한 번 방귀의 정체를 정리해 볼까? 방귀는 음식물과 함께 들어온 공기 중의 질소 70%, 그리고 큰창자 내의 세균에 의해 만들

| 음식물과 같이 들어온 공기 | 산소를 이용하여 메탄가스를 만들고 유황과 붙어 방귀를 만든다. | 지독한 냄새의 방귀 탄생 |

어진 메탄가스 20%로 이루어진 기체야. 그러면 방귀의 10%는 무엇일까?

　남은 약 10%는 큰창자에서 만들어진 메탄가스 외에 여러 가지 가스들이야. 큰창자에는 세균에 의해 만들어지는 가스 외에도, 또 다른 방법으로 만들어지는 가스가 있어.

　큰창자로 내려온 음식물 찌꺼기 속에 남아 있는 소화액에서도 약간의 가스가 만들어지고, 또 큰창자 벽을 둘러싸고 있는 혈액으로부터도 가스가 만들어진단다. 이러한 것들이 모두 모여 '방귀'를 만들지.

방귀를 꾹꾹 참으면 어떻게 될까?

몸 속의 가스는 똥구멍 대신 다른 곳으로 빠져나갈 수 있을까?

큰창자 속에 들어차 있는 방귀 가스는 장벽을 둘러싼 혈액 속으로 들어가서는 혈액을 타고 심장을 거쳐 폐로 간단다. 폐로 간 가스들은 내뿜는 숨에 포함되어 밖으로 나가지. 그래서 우리가 내뿜는 숨 속에는 방귀 속에 들어 있는 가스들이 똑같이 들어 있어.

큰창자는 고무호스 같은 모양이야. 그래서 방귀를 오래 참으면 풍선에 공기를 불어 넣는 것처럼 부풀어 오른단다. 장이 부풀어 오르면 그것이 자극이 되어, 배가 아파. 그러니까 무조건 방귀는 빨리 뀌는 게 좋아.

방귀 외에도 큰창자 속의 가스는 똥에 섞여 나와.

음식을 똥으로 만드는 마지막 관문, 큰창자

작은창자에서 소화되고 남은 음식물 찌꺼기는 보통 30초마다 큰창자로 보내진단다. 입으로 들어간 음식물이 큰창자까지 이르는 데는 음식물 종류에 따라 차이가 있지만, 약 4~15시간 정도 걸려.

큰창자는 꿈틀꿈틀 연동운동과 시계추처럼 왔다갔다 왕복운동을 하며 '똥'으로 나갈 것들을 똥구멍 쪽으로 슬슬 이동시켜.

또 위에 음식물이 들어오면 큰창자는 자극을 받아 2~4분마다 한 번씩 강한 수축이 일어나지. 이 수축으로 큰창자 속의 똥들은 세상 밖으로 나갈 태세를 갖추는 거지.

이제 직장이 가득 차게 되면 똥이 누고 싶어지는 거야. 그러면서 순간 직장의 운동이 강력해지기 시작해. 똥구멍(항문)의 근육들이 느슨해지고, 비로소 똥이 나오는 거란다.

장내 세균과 춤을!

은선이가 엄청나게 큰 방귀를 뀌고 나서부터예요. 어디에선가 낄낄대는 소리가 들렸어요.

'어디서 나는 소리지?'

봉남이는 큰창자 안을 자세히 살폈어요. 그러고 보니 큰창자 안에는 부지런히 움직이는 것들이 많이 보였어요. 작은창자에서 내려온 음식물에 달라붙어 무언가를 하기도 하고, 장벽에 기어오르는 것들도 있었어요. 문득 자신이 세균들이 가득한 곳에 갇혀 있다는 생각이 든 봉남이는 와락 소리를 질렀어요.

"너무해! 예쁜 은선이의 장 속이 세균투성이라니!"

봉남이는 방귀 가스를 붙잡고 말했죠.

"우리 빨리 은선이 똥 싸게 해서 밖으로 나가자."

"지금 너 장내 세균 때문에 그렇게 호들갑을 떠는 거야?"

방귀 가스는 세균을 조금도 싫어하지 않는 눈치였어요.

"그래, 넌 끔찍하지 않니?"

봉남이는 자신의 몸에도 세균들이 잔뜩 달라붙는 것처럼 느껴져 울음이 터질 것 같았어요.

"난 여기 있는 세균들이 좋기만 하다 뭐."

방귀 가스의 말에 봉남이는 방귀 가스마저 끔찍하게 생각됐어요.

"이 큰창자 속의 세균들은 우리 방귀 가스를 만들어 준 어머니와 같은 존재인걸."

방귀 가스로부터 좀 떨어져 있으려는 봉남이 곁으로 방귀 가스가 바짝 다가와 섰어요.

"여기선 너도 방귀 가스라는 걸 잊지 마."

급기야 봉남이는 울음을 터뜨렸어요.

"아이, 몰라. 날 다시 사람으로 돌려놔. 더 이상은 이 곳에 있고 싶지 않아."

방귀 가스는 봉남이가 울거나 말거나 상관 안 했어요. 오히려 아주 재미있어 하는 듯했죠. 방귀 가스는 약을 올리려는 듯 은선이 장 속을 헤집고 다니며 세균들을 봉남이 곁으로 점점 더 다가오게 만들었어요.

"그러지 마."

봉남이가 펄쩍 뛰자 이젠 세균들까지 신이 나서 낄낄대며 더 가까이 다가왔어요. 방귀 가스랑 호흡이 착착 맞았어요.

"지금 네가 우릴 깔보는 거냐?"

세균 대장이 소리쳤어요. 몸집은 아주 작았지만 목소리는 당당하고 힘찼어요. 봉남이는 팍 기가 죽었죠.

"깔본다기보다 그냥…… 너희들을 별로…… 안 좋아하는 거야. 정말 그뿐이야."

봉남이는 더듬대며 겨우 말했어요.

"흥, 우리도 널 별로 안 좋아해."

봉남이는 방귀 가스를 쳐다보았어요. 만약에 세균들이 자신을 공격한다면 방귀 가스의 도움이 절대적으로 필요할 것 같아서요. 그런데 방귀 가스는 도움을 바라는 봉남이의 눈길을 관심 없다는 듯이 외면했어요.

"근데 엄연히 넌 여기서 손님이야. 이 곳의 주인은 우리라는 거지."

세균 대장이 봉남이를 침입자라도 보는 듯이 위아래로 쭈욱 훑어보았어요. 그것도 아주 무서운 눈초리로요. 봉남이는 코딱지보다도 작은 세균한테 쩔쩔 매는 자신이 한심했지만 두려운 마음을 어쩌지 못했어요.

"쳇, 지들이 왜 큰창자의 주인이야?"

아주 작게 혼잣말을 한 것인데 세균 대장은 버럭 소리를 질렀어요.

"봉남이 너는 여기 있어 봤자 도움이 안 되지만 우린 그렇지 않아. 우리가 없으면 큰일난다고."

세균 대장이 큰소리를 치자, 봉남이는 슬슬 오기가 났어요. 정말 더 이상은 움츠러들고 싶지 않았죠. 더구나 방귀 가스가 그 모양을 보며 쿡쿡 웃어대자 무진장 자존심이 상했죠. 그래서 봉남이는 몸에 힘을 팍 주고 세균 대장에게 한걸음 다가갔어요.

"세균 주제에 왜 그리 잘난 척이야. 너희들 없으면 은선이가 똥을 못 싸냐? 뭔 큰일이 나냐?"

"그래, 똥을 못 싸지. 똥 못 싸면 어떻게 되는 줄 알아? 네가 방귀쟁이니까 잘 알 거다. 변비는 방귀 참는 것보다 백 배는 힘들다."

봉남이는 세균 대장이 거짓말하는 것 같지는 않았어요. 하지만 장내 세균이 아주 중요한 일을 하고 있다는 게 믿어지지 않았어요.

"우리의 위력을 의심하는 것이냐?"

봉남이가 대답을 하지 않자 세균 대장이 방귀 가스를 보며 말했어요.

"방귀 가스, 한 번 더 마법을 쓰지 그래."

"그럴까?"

방귀 가스가 천연덕스럽게 대답했어요. 봉남이는 분위기가 심상치 않다고 느꼈어요. 그래서 다급하게 물었죠.

"무슨 마법?"

"우리의 위력을 알리면 장내 세균이 되어 보라고."

"뭐라고? 이젠 세균이 되어 똥을 만들라고?"

봉남이는 팔짝 뛰었어요.

"싫어. 세균이 되고 싶지 않아."

금방이라도 방귀 가스가 마법을 부릴 것 같아 봉남이는 그들이 안 보이는 곳으로 가서 숨고 싶었어요. 이게 모두 꿈이면 좋겠다고 생각했어요. 그럼 잠에서 벌떡 일어날 테니까요.

"네가 자꾸 우리 세균을 무시하니까 점점 더 널 세균으로 만들고 싶네."

"알았어. 무시하지 않을게. 그리고 네가 여기 큰창자에서 아주 의미 있는 일을 한다는 것도 믿을게. 제발 날 세균으로 만들지 마."

봉남이는 울먹이기까지 했어요. 그러자 세균 대장과 방귀 가스는 조금 미안한 마음이 들었죠. 장난친 건데 봉남이가 두려워하니까 자신들이 잘못했다는 생각이 든 거예요.

"네가 싫다는데 내가 억지로 마법을 쓰겠니. 걱정 마."

방귀 가스가 봉남이를 위로했어요.

"요구르트는 잘도 먹으면서 세균이 싫다고 징징대긴."

세균 대장이 중얼거렸지만 표정은 미안해했어요. 마음이 놓이자 봉남이는 울먹인 게 창피했어요. 머리를 긁적이며 봉남이가 세균 대장에게 말했죠.

"나에게 네가 하는 위대한 일들을 보여 줘."

"좋아. 그럼 우리가 은선이 몸을 위해 무슨 일을 하는지 잘 보라고."

세균 대장이 큰창자 속의 세균들에게 외쳤어요.

"다같이 춤 시작!"

명령과 동시에 세균들은 일제히 춤을 추기 시작했어요. 꿈틀꿈틀, 지그재그, 쿵작쿵작……, 음악이 없는데도 같은 박자를 느끼는 듯이 짝짝 잘도 맞았어요. 뿐만 아니라 방귀 가스도 흔들흔들 몸을 움직이며 흥겨워했지요. 그걸 보니 봉남이도 몸이 들썩들썩 움직여졌어요.

'어, 내가 춤을 추나?'

봉남이는 멈추려했지만 생각처럼 몸이 움직여지지 않았어요. 그리고 보니 은선이 큰창자가 꾸르륵꾸르륵 움직이고 있었어요. 장내 세균들의 춤 동작에 큰창자까지 덩달아 흥겨워진 듯이요.

"우리가 이렇게 춤을 추면 은선이는 괜찮을까?"

봉남이가 더 신나게 몸을 흔들며 방귀 가스에게 물었어요.

"은선이는 슬슬 똥이 마려울 거야."

"아하, 그거였군."

봉남이는 세균 대장이 위대한 힘을 보여 주겠다며 장내 세균들을 다같이 춤추게 한 이유를 알았어요.

"이제 우리의 힘을 알겠지?"

의기양양하게 웃는 세균 대장에게 봉남이는 고개를 끄덕였어요.

"그건 알겠어. 근데 난 세균이라면 다 나쁜 건 줄 알았는데 너희들은 그렇지 않은 거야? 은선이 몸에 나쁜 일을 하지 않는 거야?"

봉남이는 조심스럽게 물었어요.

"너 보기보다 대개 무식하구나."

세균 대장이 마구마구 웃으며 봉남이를 놀렸어요.

"진짜 몰라서 물었는데 그렇게 놀리는 게 어디 있어!"

봉남이는 다시금 팽 토라졌어요.

"미안, 미안. 하지만 초등 학교 3학년이 그렇게 과학 지식이 없어서야 되겠니. 너 요구르트 좋아하지?"

"응."

요구르트라는 말에 봉남이는 입맛을 다셨어요. 그건 봉남이가 제일 좋아하는 먹거리이기도 하고 가스로 변신한 이후 아무것도 먹지 못했다는 생각이 드니, 요구르트가 너무나 먹고 싶었어요.

"요구르트가 유산균 음료라는 건 알고 있니?"

"그쯤은 알지. 요구르트마다 써 있는걸."

"유산균의 균이 바로 우리야."

"뭐라고!"

지금까지 자신이 세균을 맛있다고 냠냠 마셨다는 생각을 하니 구역질이 날 듯했어요.

"뭘 그리 놀라? 그만큼 우리가 몸에 좋다는 거지."

"그럼 너희가 바로 다 요구르트에서 나온 균이야?"

세균 대장은 고개를 저었어요.

"물론 장 속엔 좋은 세균이랑 나쁜 세균이 함께 있지. 하지만 채소나 요구르트 같은 장에 좋은 음식을 먹으면 유산균이 많아져서 장이 건강해져. 장이 건강해지면 똥을 잘 싸게 되고 그래서 몸이 튼튼해진단다. 그런데 만약에 나쁜 음식을 먹거나 해서 장 속에 나쁜 균이 많아지면 우리도 힘을 못 쓴다고."

"그럼 어떻게 되는데?"

"배탈이 나지. 배가 아프고 설사를 쫙쫙 하게 되지."

봉남이는 세균 대장에게 손을 내밀었어요. 세균 대장이 은선이의 장을 지키는 파수꾼처럼 든든하게 느껴져서죠.

"악수하자. 널 우습게 여겼던 거 사과할게."

세균 대장이 막 봉남이의 손을 잡으려는 순간이었어요. 방귀 가스가 봉남이 손을 잡아끌었죠.

"은선이 똥 싸려고 한다. 빨리 가자."

"어디로?"

"가 보면 알아."

봉남이는 방귀 가스에 이끌려가면서 세균 대장을 향해 크게 외쳤어요.

"다음에 또 만나자!"

"그래!"

둘의 작별 인사에 방귀 가스가 껄껄대며 말했어요.

"봉남이 넌 사람으로 안 돌아갈 생각이니?"

"천만에. 은선이 몸에서 나가자마자 사람으로 돌아가고 말 거야."

"세균 대장한테 다시 만나자며?"

방귀 가스 말에 봉남이는 자신의 실수를 알았지만, 콧방귀를 날렸어요.

"사람으로 돌아가도 세균 대장을 만날 수 있다고!"

"어떻게?"

"요구르트 안에 들어 있잖아."

"말 되네."

봉남이의 재치에 방귀 가스는 빙그레 웃으며 말했어요.

"너 정말 유식해졌다."

세균 대장을 흉내내는 듯한 말투에 봉남이도 빙그레 따라 웃었어요.

똑!똑!한 똥 속으로 슝슝~

하루에 싸는 똥의 양은 어느 정도일까?

큰창자로 넘어온 똥이 되기 직전의 음식물 찌꺼기는 보통 1.5리터로 큰 콜라병 하나 정도의 양이야. 우리가 만약 한 번에 그만큼의 똥을 싼다면, 변기가 꽉 막혀 버리겠지.

하지만 걱정하지 않아도 돼. 아무리 많이 먹는 사람도 한 번에 그만큼의 똥을 싸는 일은 거의 없어. 사람에 따라 다르지만 대략 하루에 150~200그램 정도의 똥을 싼단다.

보통 정상적인 똥은 약 70%가 물로 이루어져 있어. 그리고 30%가 음식물 찌꺼기, 장내 세균 등이야.

똥의 80% 이상을 물이 차지하면 '설사'가 되고, 물이 70% 이하면 똥이 딱딱해져 변비가 되지.

똥이 큰창자에 머물러 있는 시간이

길어지면 물을 많이 빼앗겨 자연히 똥이 딱딱해진다고. 큰창자의 벽이 똥 안의 물을 흡수해 버리기 때문이지.

똥은 어떻게 몸 밖으로 나올까? ① 큰창자에서 직장까지

큰창자에서 만들어진 똥을 몸 밖으로 내보내려면 두 가지 힘이 있어야 해. 큰창자가 꿈틀꿈틀 운동을 해야 하고, 또 하나는 큰창자 바깥인 아랫배의 근육들이 움직여야 해.

큰창자는 음식물 찌꺼기를 똥구멍으로 밀어내려고 지렁이 기어가듯 꿈틀댄단다. 이때 물이 흡수되므로, '똥' 이라고 부를 수 있는 모습이 나오기 시작해.

큰 창자는 직장으로 똥을 밀어내지 않고 일단 차곡차곡 쌓아둔단다.

그럼 똥은 어떻게 직장으로 밀려나오냐고? 큰 창자의 게으름으로 계속 똥이 쌓이기만 하면 어떻게 하냐고? 그러다가 터진 순대처럼 될까 봐 걱정된다고? 그러나 그런 걱정은 하지 않아도 돼.

똥을 내보낼 시간이 되면 짧은 시간동안 더욱 열심히 운동을 하지. 아침 식사 직후에 운동을 하는 경우가 많아. 그래서 아침을 먹으면 똥을 잘 싼다고 하는 거야.

　밤새 자느라고 먹지 않아서 우리 위는 쪼그라져 있어. 그때 아침밥을 먹으면 갑자기 위가 늘어나게 돼. 그러면 자극을 받아 큰창자도 움직이기 시작하지. 약 30초 동안 꽉 쪘다 풀었다 하는 운동이 일어나면 똥은 이때다 하고 직장으로 내려간단다.

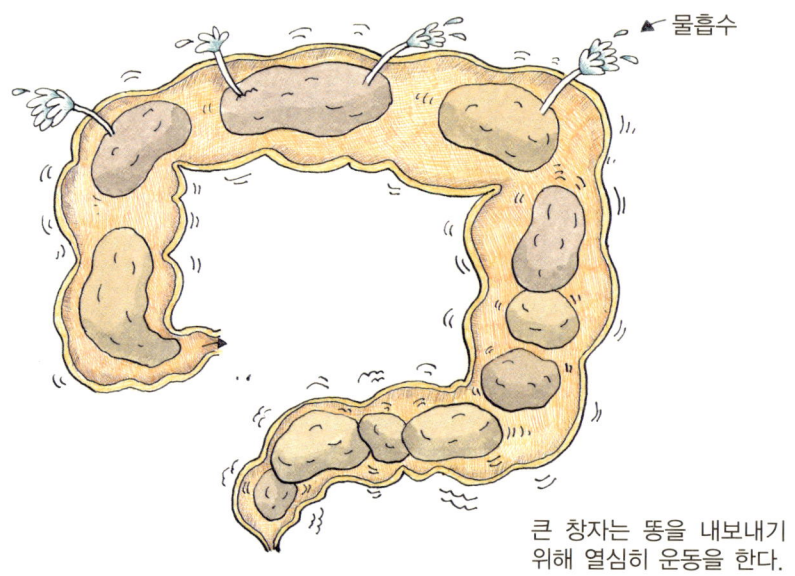

큰 창자는 똥을 내보내기 위해 열심히 운동을 한다.

변비란 무엇일까?

똥을 싸야 할 양만큼 싸지 못할 때 그것을 '변비'라고 해. 사람마다 먹는 양이 다르듯이 싸야 할 똥의 양도 다르단다. 그러나 하루에 골프공보다 적은 크기의 똥을 싼다면 그것은 변비라고 할 수 있어.

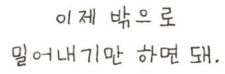

이제 밖으로 밀어내기만 하면 돼.

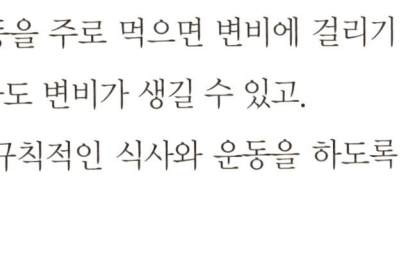

그리고 똥 싸는 횟수가 일 주일에 두 번 이하라면 그것도 변비에 속하지. 돌덩어리처럼 딱딱하고 굵은 똥을 싸느라 눈물 콧물 다 뺐다면 그것도 변비고. 똥을 눈 다음 시원한 느낌이 들지 않는다면 그것도 변비야.

똥은 정직해서 우리가 먹은 음식물과 건강 상태에 따라 모양을 만들고 나와. 고기나 패스트푸드 등을 주로 먹으면 변비에 걸리기 쉬워. 시험 등으로 스트레스를 받아도 변비가 생길 수 있고.

변비에 걸리면 물을 많이 먹고 규칙적인 식사와 운동을 하도록 해. 그러면 금방 좋아질 거야.

변비, 안녕~.

변비를 없애는 가장 좋은 방법은?

변비를 없애려면 잘 먹는 게 아주 중요해. 먼저 하루 세 번, 영양소가 고루 잘 갖춰진 밥을 먹어야 해. 먹는 양이 충분해야 똥의 양도 많아지기 때문이야. 똥은 양이 적으면 싸기 힘들다고.

그리고 아침 식사를 빼먹지 말아야 해. 비어 있는 위장을 깨우고, 큰창자를 운동시켜야 하니까.

또 식이섬유가 많이 들어 있는 음식을 먹는 게 좋아. 식이섬유가 많이 포함된 음식은 딱딱하고 질겨. 이런 음식을 먹으면 오래 씹어야 해. 자연히 소화에 도움이 되지. 그리고 무엇보다 식이섬유는 똥의 양을 늘리고 부피를 크게 하여 싸기 좋은 똥을 만든단다. 또 물을 많이 빨아들여 똥을 부드럽게 만들고.

그럼 식이섬유가 들어 있는 음식물을 알아볼까.

설사란 무엇일까?

설사는 물기가 너무 많아 덩어리도 없이 풀어헤쳐진 똥을 말해. 똥 무게의 70~80%가 물인데, 물이 그 이상이면 설사가 나온단다.

똥을 자주 싸는 것을 설사라고 생각하기 쉬운데, 묽은 똥이 아니라면 설사가 아니야. 설사라고 보는 기준은 똥 싸는 횟수가 아니라, 똥의 물기란다. 설사가 일어나는 것은, 장으로 흘러들어간 물이 많다는 말이야. 또 큰창자에서 물을 빨아들이는 일이 잘 일어나지 않았다는 말이기도 해.

설사는 우리 몸에 이상이 생긴 것을 '똥'으로 알려주는 거야. 대부분의 설사는 장에 나쁜 균이 많이 생겼을 때 우리 몸을 보호하기 위해 일어나는 일이야. 나쁜 균을 빨리 밖으로 보내 몸의 건강을 유지하려는 똑똑한 방어 태세인 거지.

우리 몸 안에는 좋은 세균과 나쁜 세균이 같이 살고 있어. 그런데 이 균형이 깨질 때가 있지. 그러면 우리 몸은 설사를 통해 균형을 맞추는 것이란다.

열려라 똥꼬!

"에고, 똥냄새."

봉남이는 직장 안에 가득 찬 똥을 보며 얼굴을 찌푸렸어요. 사람 몸 속을 들여다 볼 수 있다는 방귀 가스 꾐에 넘어가 그만 똥과 하나가 되는 운명까지 겪어야 하다니 봉남이는 한숨이 절로 나왔어요.

"지금 너 후회하고 있는 거니?"

눈치 빠른 방귀 가스가 봉남이에게 물었어요. 봉남이는 고개를 저었지요. 생각해 보니 방귀 가스와 은선이 몸 속을 돌아다니며 많은 걸 알게 된 것도 있으니까요. 또 그저 하찮게

만 여겼던 똥을 다시 보게 됐고요.

"뭐 더럽다고 생각하면 더러운 것이지만 똥도 한 때는 우리 입을 즐겁게 해주던 음식의 일부잖아."

"어쭈. 제법인걸."

"그리고 곧 밖으로 나갈 텐데 뭐."

그러면서 생긋 웃어 보이는 봉남이에게 방귀 가스가 불안한 말을 건넸어요.

"과연 나갈 수 있을까?"

"직장에 찬 똥이 밖으로 못 나가는 경우도 있어?"

똥으로 가득 찬 직장 안에서 갇혀 산다고 상상만 해도 숨이 막혔어요. 봉남이는 지독한 똥냄새를 조금이라도 덜 맡고 싶었어요.

사람으로 되돌아가는 순간 봉남이는 은선이의 똥냄새를 바꾸리라 결심할 정도였어요.

"너도 알다시피 은선이는 고기를 좋아하잖아. 채소를 잘 안 먹어서 변비 걸리기 딱 좋다고."

"직장을 빠져나가기 힘들 거라는 얘기군."

봉남이는 온몸을 쭈욱 펴고 기지개를 켰어요. 지금부터 자신이 은선이의 직장이 똥을 힘차게 밖으로 밀어내도록 힘써야 할 것 같았죠.

"은선아!"

봉남이는 큰소리로 이름을 불렀어요.

"은선아, 아랫배에 힘 꽉 줘!"

소리치는 봉남이를 방귀 가스가 어이없이 바라보았어요.

"네 소리가 은선이에게 들리겠니?"

그래도 봉남이는 또 한 번 은선이의 이름을 불렀어요. 들리지 않아도 느껴질 것 같아서였죠.

정말로 봉남이가 부르는 소리를 들은 걸까요? 은선이가 의자에서 일어났어요. 그리고 부지런히 걷기 시작했죠. 엉덩이에 힘을 꽉 주는 걸로 보아 똥이 마려운 것 같았어요.

"은선이가 화장실로 가는 것 같아. 그치?"

봉남이가 신이 나서 말했어요.

"응, 아마도. 하지만 너무 좋아하지 말라고. 실패할 수도 있잖아."

"방귀 가스, 넌 여기서 나가기 싫어?"

"아니. 나가고 싶지."

"그럼 나랑 같이 은선이를 돕자."

그런데 방귀 가스는 흔쾌히 대답하지 않았어요.

"글쎄……."

"너 정말 의리 없다."

봉남이가 삐쭉대자 방귀 가스가 조건을 내걸었어요.

"좋아, 너랑 같이 힘을 모아 은선이를 도와 주지. 대신 나에게 형님이라고 해."

"또 형님이야?"

"그래, 너는 형님이라고 부르기로 약속해 놓고 아직 한 번도 안 불렀잖아."

봉남이는 방귀 가스가 그처럼 형님 소리를 듣고 싶어하는 게 우스웠어요. 그래서 마치 뿡뿡뿡 방귀 뀌듯이 신나게 불러 주었죠.

"형님, 형님, 형님……."

그런데 방귀 가스는 한술 더 뜨는 거였어요.

"지금 여기서 말고 밖에 나가서 말이야."

"뭐라고? 사람으로 돌아간 뒤에도 네게 형님이라고 부르라는 거야?"

봉남이는 기가 막혀서 자신도 모르게 소리를 높였어요.

"싫으면 관둬라."

봉남이와 방귀 가스가 실랑이하는 사이에 은선이는 화장실 변기에 앉았어요. 그리고 힘을 주기 시작했지요.

"응~가."

"잘 한다, 은선이 파이팅!"

그런데 방귀 가스의 예상대로 직장의 똥이 술술 내려가지 않았어요. 은선이가 자꾸자꾸 힘을 주는 게 느껴졌어요.

"쯧쯧, 저러다가 똥구멍 찢어지겠네."

방귀 가스가 봉남이를 힐끔 보며 말했어요. 봉남이는 기도하는 마음으로 은선이의 똥구멍이 열리기를 바랐어요. 은선이를 위해서이기도 했지만 그래야 봉남이 자신이 밖으로 나갈 수도 있기 때문이었죠.

"방귀 가스인 나도 이런 똥은 싫어. 딱딱하지, 냄새 고약하

지. 거기다가 색깔도 영 아니야."

"똥이면 다 같은 똥이지, 향기로운 똥도 있니?"

봉남이가 내쏘듯이 말했어요.

"향기로운 똥이 있고말고."

"그런 똥이 어디 있어?"

"궁금하면 여기서 나간 다음에 그 곳으로 내가 데려갈게."

봉남이는 세차게 고개를 저었어요.

"오~ 노우. 사양하겠어."

"하긴 너도 엄청 구린 똥만 싸댔으니 향기로운 똥에 관심이 없겠지."

방귀 가스의 말에 봉남이는 약이 올랐지만 꾹꾹 참았어요. 방귀 가스와 말다툼하다가 나가야 할 순간 못 나가게 될까 봐 걱정이 앞서서였죠. 그런데 은선이는 끙끙거릴 뿐 좀처럼 똥을 싸지 못했어요.

"이 똥들은 다 언제 만들어진 똥인데 이렇게 딱딱하지?"

"이삼 일 전에 은선이가 먹은 것들이지."

"아니, 똥 만들어지는 데 그렇게 많은 시간이 걸려?"

"그럼 넌 먹자마자 싸는 줄 알았니?"

은선이가 아랫배에 힘을 잔뜩 줄수록 봉남이는 발을 동동 굴렀어요.

'이러다가 은선이 뱃속에서 똥이랑 영원히 갇혀 사는 건 아니겠지.'

봉남이는 점점 초조해졌어요. 빨리 밖으로 나가고 싶은 마음이 간절했고요.

이럴 줄 알았으면 큰창자에 있던 장내 세균들에게 좀더 친절하게 대할 걸 그랬다는 후회도 들었죠. 좋은 장내 세균이 많으면 은선이가 좀더 쉽게 똥을 쑤욱 쌀 테니까요.

"열린다, 열린다!"

방귀 가스가 외쳤어요.

"어디?"

정말 은선이의 똥구멍이 조금씩 벌어지고 있었어요. 그리고 꼼짝도 안 하던 똥덩어리들이 아래로 아래로 내려가기 시작했어요.

"이 때야, 빨리 나가자."

뿌웅~. 방귀 가스와 봉남이는 그 틈을 타 밖으로 빠져나왔어요. 풍덩, 변기 속으로 똥 떨어지는 소리를 들으며 봉남이는 안도의 한숨을 쉬었어요.

"휴~, 살 것 같다."

은선이도 시원한 표정을 지었어요. 아주 아주 큰일을 해낸 것처럼 뿌듯해 보였어요. 은선이의 고통을 알기에 봉남이는

똥을 싼 은선이에게 큰 박수를 보내고 싶었어요.

물을 내리고 밖으로 나가는 은선을 따라가려는 봉남이를 방귀 가스가 붙잡았어요.

"어디 가?"

"나도 교실로 가려고."

"변신도 안 하고?"

"아참, 깜빡 했네."

봉남이는 차렷 자세로 서서 기다렸어요. 눈도 슬며시 감았고요. 그리고 방귀 가스에게 마지막 인사로 무슨 말을 할까 생각하고 있었죠. 그런데 한참을 기다려도 변신이 이뤄지지 않았어요.

"뭐야? 왜 안 바뀌는 거야?"

"지금은 때가 아니야."

"그런 게 어디 있어?"

"여긴 여자 화장실인데 네가 들어온 걸 누가 알아봐라. 어떻게 되겠니?"

방귀 가스는 봉남이를 끌고 화장실 옆 칸으로 들어갔어요.

거기에서 연지가 똥을 싸고 있었어요. 연지는 힘을 주는 것 같지도 않게 쑤욱 똥을 쌌어요.

"저것 봐. 똥은 저렇게 싸야 건강한 거야."

연지가 싸 놓은 똥은 은선이의 똥과는 달랐어요. 바나나처럼 토실토실하고 길쭉했어요. 색깔도 노르스름했고요. 냄새도 나쁘지 않았어요.

"저런 걸 향기로운 똥이라고 한다고."

"와! 연지는 어떻게 저런 똥을 싸는 거지?"

감탄하는 봉남이에게 방귀 가스가 또 꼬드겼어요.

"그러니까 나랑 같이 연지 뱃속에 들어가 보자고."

봉남이는 따라가 보고 싶은 마음이 들었어요. 하지만 이내 그런 마음을 떨쳐 버렸어요. 그러다간 영원히 방귀 가스로 살아가야 할지도 모른다는 생각이 들었거든요.

"오늘은 여기서 끝낼래. 선생님이 날 찾고 있을 거야."

방귀 가스는 아쉬운 표정으로 봉남이의 마법을 풀었어요.

"앞으로 향기로운 방귀를 뀌고 누런 똥을 싸길 바란다."

방귀 가스는 그 말을 남기고 휘익 화장실 창문을 넘어갔어요. 화장실 바닥에 털썩 떨어진 봉남이는 잠시 그대로 앉아 있었어요. 어질어질하면서 주위가 빙빙 돌아서요.

"문봉남! 너 여자 화장실에서 뭐 해?"

화장실로 들어온 여자아이들이 뭐라거나 말거나 봉남이는 천천히 일어나 거울을 보았어요. 거울 속에 자신이 있었어요.

"살았다!"

봉남이는 거울 속 자신에게 활짝 웃었어요.

"반갑다, 봉남아."

그리고 자신에게 인사를 했지요.

똑!똑!한 똥 속으로 숭숭~

똥은 어떻게 몸 밖으로 나올까? ②배변반사

하루에 한 번쯤은 똥마려운 느낌을 갖게 되지. 이 때가 되면 오므라져 있던 똥구멍이 열리고, 그 곳의 근육들이 움직이기 시작해. 이러한 일들은 어떻게 일어나는 걸까?

직장에 똥이 가득 차면, 직장은 풍선처럼 늘어나. 이 때 직장 벽의 신경들이 '똥이 가득 찬' 느낌을 척수에 보내게 돼. 척수는 "똥을 밖으로 내보내!" 라고 명령을 하지. 그리고 우리는 똥마려운 느낌을 받고, 드디어 몸 밖으로 똥이 나

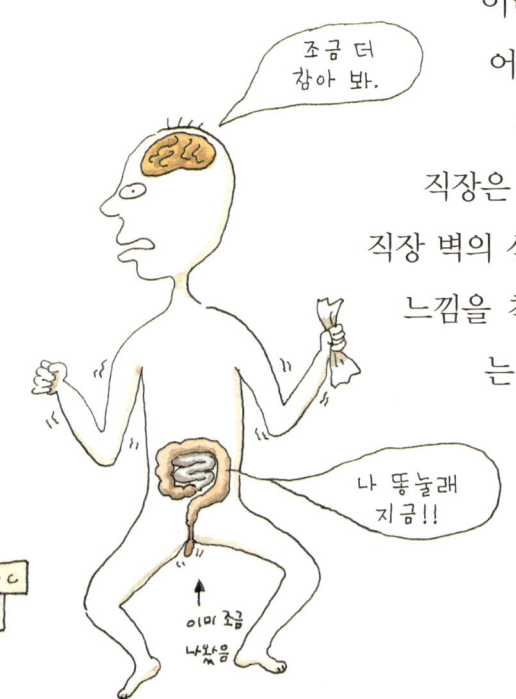

오지. 이것을 배변반사라고 해.

배변반사는 대뇌에 의한 작용이 아니야. 그래서 우리 맘대로 똥을 누고 안 누고 할 수가 없어. 똥을 누고 싶지 않아도 직장이 풍선처럼 부풀면 똥이 나오는 거야.

하지만 배변반사를 뇌에서 어느 정도는 조절할 수는 있단다. 똥이 마려워도 참을 수 있는 것은 대뇌의 작용이지.

똥을 원할 때 누고, 어느 정도 참으려면 큰창자, 직장, 똥구멍의 신경조직들이 한 마음이 되어 협동해야 해. 그리고 똥구멍 주변의 근육에 힘을 꽉 주고 있어야 해. 또 똥이 마렵지 않을 때 누려면 일단 숨을 참고 배에 힘껏 힘을 주어야 해.

똥의 색깔은?

연한 밤색 혹은 황금빛을 띤 누런색을 '똥색'이라고 부르지.

그렇다면 똥은 어떻게 '똥색'을 띠게 되는 걸까? 그건 담즙 때문이지. 담즙은 음식 중 기름기 성분인 '지방'의 소화와 흡수를 돕는 소화액이야. 원래 담즙은 녹색인데 장 안에 있는 세균들에 의해 분해되면서 녹색이 황갈색으로 변화되어, 똥의 색이 나오는 거야.

그러나 똥의 색깔이 한결같이 똑같지는 않아. 우리가 먹은 음식

물과 관련이 있어. 밥이나 빵 같은 탄수화물이 많은 음식을 먹으면 노란색이 돼. 고기나 생선 같은 단백질이 많은 음식을 먹으면 갈색이 되고.

그리고 짙은 색소를 가진 음식물을 많이 먹으면 그 빛깔을 띠기도 해. 토마토를 많이 먹으면 붉은 똥이 나오고, 시금치를 많이 먹으면 초록 똥이 나온단다. 색소가 다 분해되지 않고, 똥과 섞여 나오는 것이지.

똥의 냄새는?

똥냄새를 좋아하는 사람이 있을까? 엽기맨이 아니고서는 좋아할 리가 없지. 똥냄새는 방귀 냄새와 거의 같아. 방귀는 가스지. 가스는 공기와 같은 기체이기 때문에 냄새가 코로 느껴지는 거야.

똥을 꺼내 놓는 순간부터 풍기기 시작하는 냄새의 원인은 장내 세균이 음식물을 소화시키면서 만들어 내는 '스카톨'과 '인돌'이라는 물질 때문이야. 스카톨과 인돌은 양파가 썩는 것과 비슷한 냄새가 나는 물질이지. 그리고 또 소화 과정에서 메탄가스 등이 만들어지는데 이러한 가스들도 똥냄새를 만드는 데 많은 역할을 하지. 스카톨과 인돌이 메탄가스 등과 결합하여, 우리가 코를 감싸쥐는 '똥냄새'를 만드는 거야.

그러나 똥의 냄새도 똥의 색깔처럼 모두 똑같은 것은 아니야. 먹은 음식물에 따라 냄새도 차이가 난단다.

고기나 생선 같은 동물성 단백질을 많이 먹으면 똥냄새는 유난히 고약해.

그런데 장내에서 유산균이 발효되면 오히려 향긋한 냄새가 난단다. 그래서 요구르트나 김치 같은 유산균이 많은 음식물을 먹으면 향기로운 똥을 쌀 수 있어.

우리가 먹은 음식물이 소화가 잘 되고 제대로 분해되면 냄새가 적어. 좋은 똥일수록 냄새가 순하다는 거 이젠 알겠지?

똥의 맛은?

똥은 어떤 맛이 날까? 과연 똥맛을 본 사람이 있을까? 믿기 어렵겠지만, 정말 있단다. 옛날 조선 시대에는 임금을 모시는 의사, 즉 어의가 임금의 똥을 맛보았다고 해. 어의는 날마다 임금이 싼 똥의 색을 살피고, 냄새를 맡고 가끔은 혀로 맛을 보았다고 하지. 임금의 건강을 살피기 위해서 말이야.

우리 나라뿐 아니라, 똥맛을 보았다는 이야기는 중국 고사에도 나온단다. '와신상담' 이라는 말이 있는데, 그 말이 생겨나기까지에는 '똥맛' 을 본 일화가 있어.

월나라 왕 구천

오나라 왕

춘추시대에 월나라가 있었어.

어느 해 월나라와 오나라가 전쟁을 벌였는데, 월나라가 힘이 약해 항복하고 말았지. 구천은 오나라의 포로가 되었어. 월나라 왕 구천은 살기 위해 오나라 왕의 신임을 사고자 노력했지.

그래서 구천은 날마다 오나라 왕의 똥을 맛보았어. 똥맛으로 오나라 왕의 병을 알아내기 위해서였지. 이에 오나라 왕은 크게 감동하여 구천을 포로에서 풀어 주었단다.

이후 구천은 똥맛을 본 치욕을 갚기 위해, 날마다 매우 쓴 쓸개를 핥으면서 군사의 힘을 키웠다고 해. 쓸개 맛이 똥맛과 비슷하다고 해서 '와신상담'이라는 말이 생긴 거야.

그래, 네 똥 굵다

"봉남아, 밥 먹어라."

저녁상을 차려 놓은 엄마의 말씀이 떨어지자마자 봉남이는 식탁에 가서 앉았어요.

"감사히 먹겠습니다."

숟가락을 드는 봉남이를 엄마 아빠는 의아한 표정으로 바라보았어요.

"네가 웬일이니?"

엄마 아빠가 놀랄 만도 했어요. 봉남이는 밥 먹어라 밥 먹어라 엄마가 잔소리를 하고서 겨우 식탁 앞에 앉았거든요. 그리

고 소시지나 닭고기 같은 기름지고 달콤한 반찬이 없으면 밥투정을 하기 일쑤였어요.

"엄마, 나도 콩밥 주세요."

엄마의 눈이 더 휘둥그레졌어요.

"이제부턴 흰쌀밥보다 콩밥이나 잡곡밥을 먹을래요."

밥에 콩이 들어가 있으면 그걸 골라내고, 잡곡밥이라고는 한 숟가락도 먹지 않던 봉남이었죠. 그런데 나서서 콩밥을 달라니요. 엄마는 고개를 갸웃갸웃하며 엄마의 콩밥과 바꿔 주었어요.

봉남이는 콩밥 위에 김치를 턱 걸치고 입 안에 넣었어요. 그런데 입은 마음처럼 움직여 주지 않았어요. 콩도 김치도 입 안에서 생뚱맞았죠. 씹긴 씹었는데 영 맛이 없어 꿀꺽 삼키기가 쉽지 않았어요. 그런데 엄마 아빠는 숟가락도 들지 않고 그런 봉남이를 빤히 바라보는 거였죠.

'한다면 한다.'

봉남이는 변기에 앉아 끙끙대던 은선이의 모습을 떠올렸어요. 그건 은선이만의 모습이 아니었어요. 봉남이도 똥을 쌀 때마다 있는 힘 없는 힘을 다 주어야 했죠. 그리고 구린 방귀 냄새와도 이젠 작별하고 싶었어요. 방귀를 뀌더라도 힘차고 향기로운 방귀를 뀌어야겠다는 생각이었죠.

그래서 봉남이는 꿀꺽 삼켰어요. 김치의 매운 맛이 입 안에 돌았어요.

'김치에 유산균이 엄청 많다고 했지. 좋아, 다 먹어 주마.'

봉남이는 김치를 또 한 조각 먹었어요.

"맛있냐?"

아빠가 물었어요.

"먹다 보니 맛있는데요."

정말 그랬어요. 김치를 먹으면 밥이 먹고 싶고, 밥을 먹으면 김치가 입맛 당겼어요. 그래서 봉남이는 밥 한 그릇을 뚝딱 해치웠죠. 물론 된장찌개도 먹고, 산나물도 먹었어요.

"오늘 우리 봉남이에게 무슨 바람이 불었나?"

엄마가 중얼거리며 봉남이를 대견스레 바라보았어요. 봉남이는 자신의 배를 툭툭 두드리며 말했어요.

"잘 먹어야 잘 싼대요. 잘 싸야 건강해지고요."

"우리 봉남이 내일부터 똥 잘 싸겠네."

"오늘 먹은 것이 똥이 되려면 이틀은 지나야 하니까 아마 내일모레부터 잘 쌀 거예요."

봉남이는 자신이 무척 유식해진 것 같아 기분이 무척 좋았어요. 은선이 뱃속에서 무식하다고 놀리던 방귀 가스가 떠올랐지요.

'방귀 가스는 지금쯤 어디 가 있을까?'

형님이라고 부르라던 방귀 가스의 말이 생각나 봉남이는 살며시 입을 뗐어요.

"형님."

그런데 부르자마자 신호가 왔어요. 봉남이는 자신의 방으로 들어가 뽕, 방귀를 뀌었어요. 소리가 경쾌하고 냄새도 나지 않는 방귀였어요.

"방귀 가스, 내 앞에 나타난 거야?"

그러나 대답이 없었어요. 봉남이는 조금 섭섭한 마음이 들었어요.

"형님이라고 불러줬는데 나타나지도 않네."

다음 날 아침, 봉남이는 학교에 가자마자 은선이에게 다가갔어요.

"이게 뭐니?"

봉남이가 내민 요구르트를 보고 은선이가 말했어요.

"너 주려고 내가 사왔어."

"난 요구르트 싫어해."

"내 마음을 봐서 먹어 주렴."

봉남이는 친절하게 요구르트에 빨대를 꽂아 주며 나지막이 말했어요.

"변비 탈출엔 요구르트가 좋아."

은선이의 얼굴이 빨개졌어요. 그리고 못 이기는 척 요구르트를 마셨죠.

"방귀쟁이가 요구르트 마시면 방귀를 더 붕붕 뀐다고."

풍호가 은선이를 놀려댔어요. 어제 은선이가 교실에서 참다못해 방귀를 뀐 걸 가지고 놀리는 거였어요. 금세 은선이의 눈에 눈물이 글썽거렸죠. 자리에 가서 앉으려던 봉남이는 풍호에게 다가갔어요.

"은선이에게 사과해."

"뿡, 방귀쟁이한테 뿡, 방귀쟁이라고 했는데 뿡, 뭘 사과해. 뿡, 뿡뿡뿡!"

풍호는 봉남이에게 말을 하면서도 은선이를 향해 뿡뿡거렸어요. 급기야 은선이는 울음을 터뜨렸어요. 봉남이는 풍호에게 주먹을 들어 보였어요.

"방귀 뀌는 게 뭐 잘못 됐냐? 사람은 누구나 방귀를 뀐다고.

너도 방귀 뿡뿡 잘도 뀌잖아."

"이게!"

풍호가 봉남이에게 주먹을 날렸어요. 봉남이도 지지 않고 되받아쳤지요.

"풍호, 이겨라."

"봉남이, 이겨라."

어느 새 아이들이 편을 갈라 풍호와 봉남이를 응원했어요. 은선이도 호기심에 울음을 뚝 그치고 싸움을 구경했고요. 봉남이와 풍호는 각각 주먹을 쥐고 공격할 틈을 노렸어요.

"덤벼라!"

풍호의 외침이 떨어지는 순간, 교실로 선생님이 들어오셨어요. 아이들은 재빨리 자기 자리에 돌아가 앉았어요.

"너희들 딱 걸렸어."

선생님은 풍호와 봉남이에게 벌을 내렸어요. 어제 풍호와 필만이가 그랬듯이 복도에 나가 손들고 서 있는 거였죠.

"어떻게 풍호 넌 날마다 방귀로 싸움질이냐!"

선생님 말씀에 아이들이 한바탕 웃어댔어요.

벌을 서면서도 풍호와 봉남이는 서로 주먹을 쥐어 보이며 눈을 흘겼어요.

"나중에 다시 붙어서 승자를 가리자."

"좋아."

둘은 점심 시간에 한판 붙기로 약속했어요. 그런데 선생님은 풍호와 봉남이의 계획을 미리 알고 있는 것처럼 둘에게 급식 당번을 시켰어요.

"치고 박고 싸우는 데 힘쓰지 말고 그 힘을 친구들에게 봉사하는 데 사용해라."

점심 시간만 내내 기다린 봉남이와 풍

호는 김이 샜어요. 더구나 앞치마까지 두르고 밥을 퍼주는 급식 당번을 하라니요.

"점심 먹고 화장실에서 만나자."

풍호가 몰래 속삭였어요.

풍호는 밥주걱을 들고 밥 당번을 하고, 봉남이는 집게를 들고 반찬 당번을 했어요. 봉남이는 친구들 식판에 반찬을 골고루 담아 주었죠.

"난 김치 싫어."

"무조건 먹어."

싫다는 친구들에게 김치를 꽉꽉 담아 주는 바람에 친구들은 눈살을 찌푸렸어요. 식판에 담긴 음식을 남기면 선생님께 혼나거든요.

"김치랑 콩자반은 빼고 오징어랑 불고기만 담아 줘."

은선이의 말을 봉남이는 무시했어요. 김치와 콩자반을 더욱 듬뿍 담아 주었죠.

"왜 네 맘대로 담니?"

"넌 향기로운 똥을 쑥쑥 싸고 싶지 않니?"

봉남이가 은선이에게만 들리도록 작게 말했어요.

"……"

은선이는 말없이 어이없는 표정을 지었죠. 봉남이는 급식 당번도 괜찮다는 생각이 들었어요.

'우리 반 친구들 내 덕분에 향기로운 똥을 싸겠는걸.'

봉남이는 속으로 흐뭇하게 웃으며 남자 화장실로 갔어요. 풍호가 먼저 와서 기다리고 있었어요.

"남자가 밥을 바람처럼 잽싸게 먹지 못하고, 쯧쯧."

풍호의 말에 봉남이는 콧방귀를 날렸어요.

"너 오늘 방귀 꽤나 뀌겠구나. 급하게 먹으면 입 안에 가스가 잔뜩 들어가는 것도 모르냐? 그렇게 들어간 가스가 뿡뿡 방귀로 나오는 거라고."

봉남이 말을 맞받아칠 듯하던 풍호가 이상한 표정을 지었어요.

"왜 그러냐? 똥마려운 녀석처럼."

"응, 똥마려워."

크게 웃으려다가 봉남이는 멈췄어요. 아랫배가 묵진한 것이 봉남이에게도 똥마려운 신호가 왔어요.

"나도 똥마렵다."

"그럼 우리 똥 싸고 하자."

"아니, 그러지 말고 우리 똥으로 내기 하자."

봉남이의 의견에 풍호는 웃음을 터뜨렸어요.

"그거 진짜 재미있겠다."

"누구 똥이 더 굵고 큰지 내기하는 거다."

"좋아."

둘은 각자 변기에 앉아 똥을 싸기 시작했어요. 김치의 효과가 벌써 나타나는 건지 봉남이는 앉자마자 똥을 뽑아냈어요. 바나나처럼 굵직하고 긴 똥이었죠.

"다 쌌다."

"벌써?"

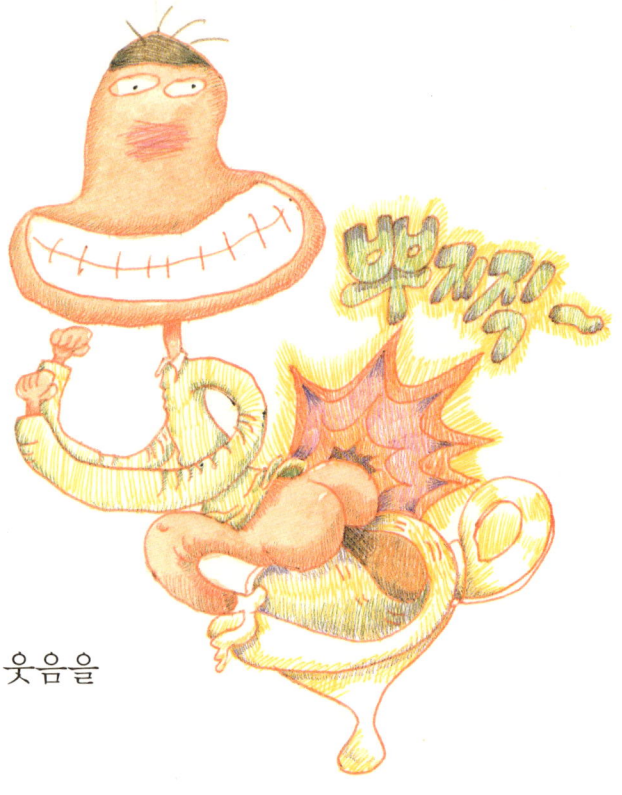

힘을 잔뜩 준 채 풍호가 놀라 물었어요.

"빨리 싸라."

"끙, 쌌다."

둘은 자리를 바꿔 상대의 똥을 검사했어요.

"졌다."

풍호가 시무룩한 표정으로 손들었어요.

"너 앞으로 은선이 놀리지 마라."

"그래, 네 똥 굵다."

똑! 똑! 한 똥 속으로 슝~

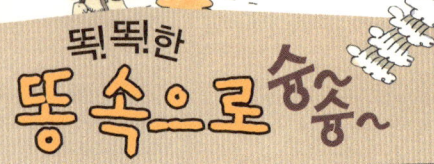

똥이라는 말은 어떻게 만들어졌을까?

똥은 영어의 덩(dung)이랑 발음이 비슷하지. 그렇지만 조선 시대 기록에 '똥'이라는 표현이 있는 것으로 보아 순수한 우리말로 여겨져.

옛날 화장실의 모습은 똥과 오줌을 커다란 옹기 등에 담아두는 모양이었어. 그래서 그 위에서 똥을 누면 똥물이 튀며 '통' 하는 소리가 들렸지. 그 모양과 소리를 따서 '통'이라고 한 것이 '똥'으로 발음이 바뀐 듯해.

이것으로 보아 영어나 우리말 모두 '똥'이라는 말은 떨어지는 모양과 소리에 의해 만들어진 말인 것 같아.

똥은 얼마 만에 싸는 게 좋을까?

똥은 많이 먹으면 많이 싸고, 적게 먹으면 적게 싸지. 한 마디로 똥은 먹은 만큼 싼다고 보면 돼.

하루에 한 번 아침에 똥 싸는게 좋다는 사람도 있지만 꼭 그렇지도 않아. 똥을 누고 싶은데 나오지 않는 경우가 아니라면, 2~3일에 한 번 누어도 건강에 문제가 없어.

하루에 누는 똥의 양은 150~200그램 정도가 적당한 편이야. 크기는 2센티미터의 지름에 15센티미터 정도 길이의 원통 모양이 좋은 똥이지. 좀 작은 바나나와 같다고 보면 돼. 너무 무르지도 않고 딱딱하지도 않은 게 바나나를 닮으면 좋은 똥이야.

그런데 혹시 아직까지 자신의 똥이 어떻게 생겼는지 모르고 있진 않겠지? 변기의 물을 내리기 전에 내 똥을 살피는 습관, 그것이 바나나 똥을 쌀 수 있는 첫걸음이란다.

내 똥 잘 보인다.

물 내리기 전에 꼭 내 똥을 살펴 보자.

똥은 왜 끈적거릴까?

똥에는 끈적이는 끈기가 있어. 그것은 큰창자에서 나오는 점액 때문이야.

똥을 만드는 데도 어느 정도의 끈적거림이 필요해. 끈기가 없으면 반죽이 안 되는 것처럼, 똥도 끈기 없이는 바나나 똥을 만들 수가 없어. 점액의 끈기가 장 속의 내용물들을 똥의 형태로 만들어 내는 역할을 하지.

뿐만 아니라 점액은 똥의 겉면을 미끄럽게 만든단다. 똥이 직장을 지나, 똥구멍으로 잘 빠져 나오기 위해선 피부나 털 등에 달라붙지 않아야 하기 때문이지. 그래서 점액은 큰창자에서도 나오지만, 똥구멍에서도 약간 나온단다.

바나나를 많이 먹으면 정말 바나나같이 생긴 똥을 쌀 수 있을까?

바나나를 많이 먹으면 정말 바나나같이 생긴 똥을 쌀 수 있냐고? 답은 '예스!'야. 바나나와 같은 과일에는 식이섬유가 많이 들어 있어. 그러므로 과일과 채소를 많이 먹으면 굵고 긴 똥을 쌀 수 있어. 그래서 똥을 잘 싸려면 김치를 먹으라는 거야. 김치는 식이섬유가 아주 많고, 발효식품이라 유산균이 요구르트만큼 풍부하다고.

끼니마다 반찬으로 김치를 빠뜨리지 않고 먹으면 변비 걱정은 뚝!
바나나 똥을 쑤욱 쌀 수 있지.

요구르트에 붙은 이름은?

텔레비전을 보다보면 요구르트 광고를 많이 하지. 그런데 요구르트에 외국 사람 이름 같은 제품명이 많은데 그것은 대부분 유산균 연구에 힘을 쏟은 학자들이야.

유산균을 가장 먼저 밝혀낸 사람은 파스퇴르란다. 프랑스 미생물학자인 루이 파스퇴르가 '유산균'이라는 존재를 처음 밝혀냈어. 그 이후 유산균은 눈에 보이지 않는 아주 작은 존재이면서도 많은 사람들의 사랑을 받게 되었지.

그리고 메치니코프라는 러시아 학자가 있지. 그는 요구르트를 많이 먹는 불가리아 사람들이 오래 사는 것에 주목, 연구를 시작했어.

유산균의 종류는 대략 여섯 가지야. 그 중 하나가 비피더스균인데 비피더스균은 1899년 프랑스 학자 티지에가 모유를 먹고 자란 건강한 아이의 똥에서 발견했어. 어때? 곧 '티지에'라는 이름을 단 요구르트가 나올 것 같지 않니?

은선아, 성공했니?

봉남이는 스스로 나서서 며칠 동안 급식 당번을 맡았어요. 반 친구들은 하는 수 없이 봉남이가 담아 주는 김치와 채소를 먹어야 했지요.

툴툴거리거나 먹지 않고 몰래 버리면 봉남이는 다음번에 더 많이 담아 주겠다고 협박 아닌 협박을 했지요. 선생님은 봉남이가 하는 짓을 모른 척했어요. 아이들에게 모두 좋은 일이었으니까요. 오히려 선생님은 마음 속으로 봉남이를 기특하게 생각했죠.

"은선아, 많이 먹어."

봉남이는 은선이 식판에 김치와 시금치나물, 연근조림을 하나 가득 담아 주며 말했어요.
"다 내가 싫어하는 반찬이야."
은선이는 한숨을 내쉬었어요.
"넌 쌀 때마다 끙끙거리는 게 좋니? 시원하게 싸고 싶으면 채소를 가까이 해야 해."
봉남이가 속삭이자, 은선이는 얼굴을 붉혔어요. 은선이는 봉남이가 자신의 비밀을 알고 있는 것 같아 이상한 생각이 들었지만 불쾌하지는 않았어요. 다른 남자친구가 그런 말을 했다면 울음을 터뜨렸을지 몰라요. 하지만 봉남이가 하는 말은 놀리려는 것 같지 않았어요. 진심으로 자신을 걱정해 주는 듯했어요.

밥을 먹는 은선이 곁으로 봉남이가 자신의 급식판을 들고 다가왔어요.

"같이 먹자."

"그래."

며칠 전까지 은선이는 봉남이에게 관심도 없었어요. 그런데 봉남이가 자신을 놀리는 풍호랑 한판 붙는 모습을 보면서부터 봉남이가 듬직해 보였어요. 아주 오래 사귄 친구처럼 봉남이가 하는 말은 스스럼없이 들렸고요.

"은선아, 아침은 먹었어?"

"아니."

"내가 그럴 줄 알았어. 내일부터는 아침도 꼬박꼬박 챙겨먹고 다녀."

"왜?"

"그래야 잘 싸거든."

은선이가 웃음을 터뜨렸어요.

"넌 왜 항상 똥 이야기만 해? 똥박사처럼."

"똥박사?"

그 말이 재미있어 봉남이도 크게 웃었어요.

"그래, 난 똥박사야. 그러니까 똥 잘 싸려면 이 똥박사님의 말을 잘 들으라고."

풍호를 비롯하여 은선이에게 관심을 갖고 있는 남자아이들은 봉남이를 부러운 듯이 바라보았죠.

5교시가 끝난 뒤 쉬는 시간이었어요. 은선이가 다급한 표정으로 달려 나갔어요. 봉남이는 은선이를 뒤따라갔어요. 화장실로 가는 듯하던 은선이가 갑자기 방향을 바꿔 실험실로 뛰어갔어요.

'방귀를 뀌러 가는 거지.'

실험실 문을 쾅 닫고 들어간 은선이를 봉남이는 밖에서 기

다렸어요. 시원한 표정으로 실험실에서 나오던 은선이는 봉남이를 보고 깜짝 놀랐어요. 봉남이는 코를 킁킁댔지요.

"너 뭐하는 거야? 스토커처럼."

은선이가 화를 내는 것에는 대꾸도 않고 봉남이는 기쁜 얼굴로 말했어요.

"맡아 봐. 냄새가 좋아졌잖아."

"창피하게 너 왜 그래?"

봉남이는 은선이의 손을 잡고 다시 실험실로 들어갔어요.

"방귀 냄새가 순해졌어. 은선아, 이게 다 무엇 때문인 줄 아니?"

은선이가 고개를 끄덕였어요.

"내가 채소를 많이 먹었기 때문이지? 근데 난 아예 방귀를 안 뀌게 되면 좋겠어."

"세상에 방귀 안 뀌는 사람은 없어. 방귀를 뀌고 똥을 싼다는 것은 살아 있다는 증거라고."

봉남이에게 은선이가 엄지 손가락을 높이 들어올려 보였어요.

"역시 똥박사야!"

교실로 돌아가며 봉남이가 말했어요.

"내일 아침엔 아마도 바나나 똥을 쌀 수 있을걸."

"아니."

은선이가 멈춰서며 고개를 저었어요.

"지금 성공할 것은 예감이 들어."

"그럼 화장실로 가야지."

그런데 그때 6교시 시작종이 울렸어요.

"나중에 갈래."

똥을 참으려는 은선이에게 봉남이가 단호하게 말했어요.

"안 돼. 신호가 오면 바로 화장실로 가는 거야. 공부보다 똥 싸는 게 더 중요하다고."

"똥 싸는 게 어떻게 공부보다 중요하니?"

은선이는 어이없어 하면서도 빠른 걸음으로 화장실로 향했어요.

"똥 참고 공부가 되겠니? 몸 괴롭지 마음 괴롭지."

여자화장실 앞에서 은선이가 말했어요.

"더 이상은 따라오지 마."

"알았어. 여기 있을게. 아자아자, 파이팅!"

오래 걸리지 않았어요. 봉남이가 휘파람으로 노래 한 소절도 채 부르지 않아서였죠. 은선이가 환해진 얼굴로 화장실에서 나왔어요.

"은선아, 성공했니?"

"응, 이런 느낌 처음이야."

몸과 마음이 가벼워서 은선이는 금방이라도 날아갈 것 같았어요.

"빨리 교실로 가자. 공부도 정말 잘 될 것 같아."

똑!똑!한 똥 속으로 슝~

왜 우리 몸엔 규칙적인 식사가 좋을까?

아침 점심 저녁, 규칙적인 식사는 몸을 건강하게 하고, 더불어 좋은 똥을 싸게 하지.

세 끼 중 한 끼라도 거르게 되면 그 다음 식사 때 과식을 하게 돼. 또 배가 지나치게 고플 때는 음식을 급하게 먹게 되거든. 급하게 먹다 보면 잘 씹지 않고 넘기고 공기를 많이 삼키게 돼. 급하게 많이 먹은 밥이 어떤 결과를 가져오는지 알지? 장에는 가스가 많이 차오르고, 속은 더부룩해진다고. 좋은 똥이 만들어질 수 없는 환경이 되는 거야.

우리 몸의 장들은 적은 양의 음식물이 규칙적으로 들어올 때 가장 잘 움직인단다. 한꺼번에 많이 양이 들어오면 처리할 능력이 없어. 밀린 방학 숙제를 하루에 다 해치

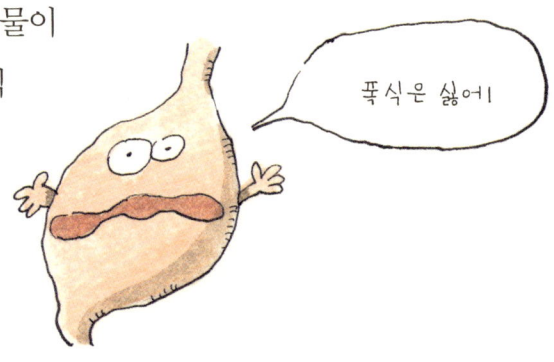

폭식은 싫어

우라고 하는 것과 같지. 규칙적인 식사로 음식물을 조금씩 넣어 주어야 소화를 잘 시키고, 규칙적으로 밀어내기를 할 수 있어.

또 식사 시간이 규칙적인 것도 중요해. 날마다 거의 비슷한 시간에 식사를 하면 우리 몸은 그걸 기억해 두게 돼. 그래서 그 순간 음식물을 받아들이기 위한 가장 좋은 상태를 만든단다. 이것은 좋은 똥싸기 습관으로 이어지는 거야.

똥은 참으면 어떻게 될까?

똥은 마려운 순간 바로 가서 싸는 게 좋아. 자꾸 참다 보면 똥 싸고 싶은 느낌이 사라지게 되거든. 똥은 나와야 하는 순간 안 나오면 장 속에서 딱딱해져. 한 순간 참은 것이 변비로 이어지는 거야.

그러므로 지금 쌀 똥을 나중으로 미루지 마. 언제 어디서든 똥이 마려우면 하던 일을 멈추고 화장실로 가는 습관을 들이도록 해. 똥을 하찮고 귀찮은 것으로 생각해서는 안 돼. 반갑고 귀한 손님을 맞이하듯 기쁜 마음으로 맞아야 해.

반가운 손님을 귀하게 맞으려면, 똥을 쌀 때 똥에게만 집중해야 해. 화장실에서 책을 보는 것은 좋지 않아. 똥싸기는 짧은 시간 안에 끝내는 게 좋거든. 변기에 오래 앉으면 똥구멍은 과다한 힘을 받아 아프게 돼.

　대부분의 똥은 변기에 앉은 지 30초 이내에 나와. 그리고 그 후 약 30초 동안에 두세 번 더 남은 똥이 나오는 거야. 변기에 앉은 지 3~4분이 지나도 소식이 없으면 일단 일어서서 밖으로 나와. 그리고 다시 마려워지기를 기다리는 게 좋은 방법이야.

하루에 식이섬유는 얼마나 먹어야 할까?

　좋은 똥을 만들기 위한 필수 성분인 식이섬유는 채소, 과일, 해조류에 많이 들어 있어.

　식이섬유는 소화 효소에 의해 소화되지도 않고 전혀 흡수되지도 않아. 입으로 들어간 식이섬유는 거의 그대로의 성분으로 똥이 되어 나오는 거야.

　그럼 몸 속에 들어간 식이섬유는 도대체 무슨 일을 하고 나오냐고? 식이섬유는 물을 흡수하여 품는 일을 해. 그래서 큰창자의 운동을 활발하게 만들고, 똥의 부피를 키워 큰창자를 통과하는 시간

을 줄여 주지.

물을 잔뜩 머금은 식이섬유가 똥의 부피를 키우면, 식이섬유를 먹이로 하는 장내 세균은 식이섬유를 발효시킨단다. 이때 여러 가지 유산균이 만들어지고 나쁜 세균은 죽게 돼. 이렇게 해서 장이 좋아지고, 똥이 몸을 빠져나오는 거야.

식이섬유의 하루 권장량은 25~30그램이야. 이 양은 흰 쌀밥이 21공기, 보리밥이 3공기, 사과가 보통 크기로 11개 정도지.

식이섬유가 부족하지 않도록 하기 위해선 매 끼니마다 흰 쌀밥 대신 잡곡밥을, 반찬으로는 나물류와 해조류를 충분히 먹어야 해. 그리고 반드시 물을 많이 먹어야 한단다. 식이섬유가 물을 머금지 못하면 제 역할을 해낼 수가 없거든. 하루 8잔의 물은 꼭 필요하다는 걸 잊지 마.

꿈틀 저학년 도서관 2
똑똑한 똥덩어리 씨

초판1쇄 발행 2009년 4월 15일
초판2쇄 발행 2011년 4월 30일

지은이 홍윤희
그린이 심창국

펴낸곳 꿈틀
펴낸이 이정아
출판등록 제 313-2005-000053호
주소 서울 마포구 창전동 6-153 1층 1
전화 070)7718-3381
팩스 0505)115-3380
e-mail coky0221@naver.com

ⓒ홍윤희, 심창국 2009
ISBN 978-89-93709-02-5   73810

* 이 책의 출판권은 꿈틀에 있습니다. 저작권법에 의해 한국 내에서 보호받는 저작물이므로
  무단 전재와 무단 복제를 금합니다.
* 잘못 만들어진 책은 구입하신 곳에서 바꾸어 드립니다.